INTRODUCCIÓN AL MODELO DE

Los sistemas de la familia interna®

AF799495

INTRODUCCIÓN AL MODELO DE

Los sistemas de la familia interna®

Dr. Richard C. Schwartz, Ph.D.

EDITORIAL ELEFTHERIA

ESTE LIBRO QUE USTED HA ADQUIRIDO SE VENDE A TRAVÉS DEL SERVICIO DE IMPRESIÓN BAJO DEMANDA DE AMAZON.COM. LA EDITORIAL CUIDA TODOS LOS PROCESOS DE PRODUCCIÓN DEL LIBRO EN ESPAÑA PARA OFRECER NUESTRO ESTÁNDAR DE CALIDAD PERO EN ESTE CASO NOS RESULTA IMPOSIBLE CONTROLAR Y SUPERVISAR LA IMPRESIÓN, EL PAPEL Y LA ENCUADERNACIÓN DE ESTE EJEMPLAR. NO OBSTANTE CONSIDERAMOS IMPORTANTE QUE EL CONTENIDO DE ESTE LIBRO ESTÉ ACCESIBLE EN TODA AMÉRICA Y POR ELLO APOSTAMOS POR ESTE CANAL DE VENTA. GRACIAS POR SU COMPRENSIÓN.

Todos los derechos reservados. Cualquier forma de reproducción, distribución, comunicación pública o transformación de esta obra sólo puede ser realizada con la autorización de sus titulares, salvo excepción prevista por la ley.

Título original: Introduction to the Internal Family Systems Model℠
Copyright © 2001 Richard C. Schwartz, Ph. D.
Publicado originalmente por Trailheads Publications™
(División de publicaciones de The Center for Self Leadership, P.C.)
© 2015 EDITORIAL ELEFTHERÍA, S.L.
Olivella, Barcelona, España

www.editorialele theria.com

Primera edición: Noviembre 2015
© De la traducción: The Center for Self Leadership, P.C.
Ilustración de cubierta: iStock.com/Elenarts
Maquetación y diseño: Rebeca Podio

ISBN (POD): 978-84-125628-9-7
DL B 26529-2015

Dedicado a

Regina "Reggie" Goulding

1954–2001

Que su espíritu continúe siendo nuestro guía

Otros libros de Richard C. Schwartz como autor o como coautor

Internal Family Systems Therapy
Guilford Press

You Are the One You've Been Waiting For: Bringing Courageous Love to Intimate Relationships
Trailheads Publications

Family Therapy: Concepts and Methods
Allyn and Bacon

The Mosaic Mind: Empowering the Tormented Selves of Child Abuse Survivors
Trailheads Publications

Metaframeworks: Transcending the Models of Family Therapy
Jossey-Bass

Handbook of Family Therapy raining and Supervision
Guilford Press

Contenido

Capítulo Uno

El Modelo de los Sistemas de la Familia Interna

¿Ha escuchado alguna vez a alguien decir: "Antes de poder amar a alguien, debo aprender a amarme a mí mismo" o "Mi problema es que me falta autoestima" o "No quería hacerlo, pero no pude evitarlo?" ¿Cuál es ese Self que necesitamos aprender a amar y a estimar y por qué resulta ello tan difícil? ¿Quién es ése que nos hace hacer cosas que realmente no queremos hacer? ¿Nos perseguirá para siempre esa voz crítica existente en nuestra cabeza que nos pone todo tipo de apodos? ¿Existe alguna forma mejor de afrontar esa sensación de inutilidad que sentimos en el fondo de nuestro estómago? ¿Cómo podemos reducir el volumen de ese ruido interno que nos mantiene en un estado de ansiedad y distracción?

El modelo del Internal Family Systems (IFS) (Sistemas de la familia interna) dispone de un conjunto de respuestas frente a dichas interrogantes que ayudan a las personas a relacionarse consigo mismas de una manera diferente-amándose a sí mismas. Nos ofrece pasos concretos que podemos dar para lograr un mayor control sobre nuestras reacciones impulsivas o automáticas. Este modelo ayuda a transformar esa voz interna crítica en una voz de apoyo y a eliminar sentimientos de inutilidad. Es capaz, además, no solamente de reducir ese ruido interno en nuestra mente sino que, también, de crear una atmósfera interna de luminosidad y paz, aportando una mayor confianza, claridad y creatividad en nuestras relaciones.

En el modelo IFS conseguimos esto logrando primero que uno se centre en el interior de uno mismo. Por "enfoque interno" entendemos que uno dirija su atención hacia sus pensamientos, emociones, fantasías, imágenes y sensaciones, es decir, su experiencia interna. Para la mayoría de las personas ello supone un gran paso ya que hemos sido educados para tener nuestra atención fijada en el mundo exterior, previniendo así eventuales peligros como también buscando satisfacciones en él. Este enfoque externo está justificado por cuanto en nuestro entorno existen motivos tanto de preocupación como de estímulo; sin embargo, existe otra razón por la cual muchos de nosotros no nos atrevemos a penetrar en nuestro mundo interior dado que tenemos miedo a lo que allí pudiéramos encontrar. Sabemos o intuimos que, en el fondo de nosotros mismos, se ocultan recuerdos y sentimientos que podrían abrumarnos, haciendo que nos sintiéramos mal con nosotros mismos, interfiriendo en nuestra capacidad de funcionamiento, determinando que actuáramos de manera impulsiva, cambiando nuestro modo de relacionarnos con los demás y volviéndonos vulnerables a nuevas heridas. Esto es particularmente cierto si uno ha sufrido humillaciones que le han hecho sentirse un inútil o si ha experimentado traumas o pérdidas a lo largo de su vida. Para evitar esto, usted se asegurará de estar permanentemente ocupado o distraído, no dando así nunca la oportunidad a que surjan los recuerdos dolorosos. Usted organizará su vida de forma tal que garantice que nada pueda desencadenar la aparición de los recuerdos o emociones temidas. Usted procurará tener un aspecto y comportamiento aceptables, trabajar duro para demostrar que es una persona valiosa, controlar cuan estrechas o no puedan ser sus relaciones, intentará hacer lo necesario para ser querido por los demás.

Roger considera que él es un profesional competente por lo

que no logra entender por qué su mente se queda en blanco cada vez que su jefa entra en su despacho. No logra soportar el hecho de que su mera presencia le haga sentirse de manera tan infantil y estúpida. Antes de que ella entrara en su despacho, él ya había mantenido toda suerte de charlas estimulantes consigo mismo, había probado hacer respiraciones profundas y se había recriminado ser tan temeroso, pero nada de ello parecía funcionar.

Susan está muy ocupada en lograr que sus hijos estén a gusto consigo mismo por lo que se siente molesta por la manera en que ella pierde en ocasiones el control con su hijo. De vez en cuando él lleva a cabo acciones irrelevantes como dejar tirada la ropa o llegar tarde a casa, observando ella que reacciona gritándole como si él acabara de matar al gato. A menudo es consciente de que tal reacción se va a apoderar de ella, pero no puede hacer nada para impedirlo. Luego, atormentada por el remordimiento, se odiará por ello pero la situación seguirá repitiéndose.

A pesar de todo lo que ha logrado, David se siente atormentado por una sensación de ser una nulidad. La gente le alaba constantemente y le dice qué gran persona es, aunque él no logra aceptarlo. Él pone buena cara pero, en el fondo, está convencido de que si le conocieran realmente, se sentirían defraudados. Sabe que a nivel intelectual goza de estima y, aunque trata de convencerse a sí mismo de ello, la poderosa sensación de inutilidad persiste.

Kim no es capaz de controlar lo que come. A pesar de probar diferentes dietas, trabajar con nutricionistas y practicar ejercicios como una posesa, cuando el impulso de comer dulces se apodera de ella, es impotente frente al mismo. Ella odia esa voz interna que la seduce para que vaya a la nevera a comer helados y, sin embargo, es incapaz de resistirse a sus cantos de sirena.

Margot se queja de que solamente la atraen aquellos hombres que la tratan mal. Si bien hay muchos hombres amables interesados en ella, siente que la química se produce solamente con aquellos hombres carismáticos que acabarán tratándola mal. Siente que "está condenada por su corazón a sufrir toda la vida de mal de amores".

¿Qué es lo que tienen todas estas personas en común? Todos ellos han sido pacientes míos que acudieron por tener emociones o impulsos que eran incapaces de controlar. Pero no sólo era eso, ya que luchaban constantemente contra ello y estaban furiosos consigo mismos por ser incapaces de controlarlos. El impulso incontrolable en sí ya era lo suficientemente perturbador; sin embargo, la relación que se había generado con este impulso -tanto la frustración con él como la que tenían consigo mismo por tenerlo- había logrado penetrar tanto en su autoconcepto, haciéndoles sentir inútiles. Yo considero que esto es a menudo cierto. La manera según la cual nos relacionamos con algún pensamiento o emoción problemáticos no solo no logra controlarlo sino que, además, llega a formar parte de nuestros problemas. El monje budista Thich Nhat Hanh lo planteaba de la siguiente manera: "Si nos enfadamos con nuestra ira, tendremos al mismo tiempo dos iras que enfrentar".

Esta idea quedará mejor ilustrada mediante una analogía con las relaciones humanas. Considere a su ira como si se tratara de uno de sus hijos. Suponga que usted tiene un hijo a quien no logra controlar- digamos que tiene berrinches todas las noches. Esto ya sería lo suficientemente molesto, cansado pero supongamos, además, que debido a estos berrinches que la ponen frenética, usted ha optado por criticarlo permanentemente y a mantenerlo encerrado en su habitación por temor a que la abochorne ante los demás. Usted se queda en casa los fines de semana para cerciorarse de que él no se escape y pudieran, en consecuencia, pensar que usted es un pésimo progenitor por la conducta de él. Suponga que cada una de las reacciones suyas sólo ha determinado que sus rabietas sean cada vez peores ya que él intuye que usted querría librarse de él. Así, el problema acabará consumiendo su vida por la manera que tiene usted de relacionarse con su hijo. Lo mismo es válido para nuestras emociones extremas y para nuestras creencias irracionales y extremas – las mismas ya son de por sí difíciles, pero el problema se exacerba a menudo por la manera que tenemos de abordarlas, determinando que nuestras vidas se vuelvan algo o bastante miserables.

Podrá parecer extraño el pensar que se tiene una relación con un pensamiento o con una emoción y, sin embargo, no podemos evitarlo. Ellos viven con nosotros, y tenemos que relacionarnos con ellos de una manera u otra. Al igual que sucede con las personas difíciles que hay en nuestra familia o en nuestro entorno laboral, la diferencia estribará en la medida en que nos sintamos afectados y en cómo interactuemos con ellos. Considere qué es lo que siente usted respecto de sus propios y diversos pensamientos y emociones. Es probable que le agrade esa voz interna suya que le recuerda lo que tiene pendiente por hacer y la estrategia a seguir. Usted hace caso de ello y lo utiliza como motivación; usted se relaciona con ella como si se tratara de un ayudante valioso. ¿Qué pasaría si esa misma voz, cuando usted comenzara a relajarse, se volviera crítica de manera estridente gritándole que es un vago y que el cielo se le caerá encima si no vuelve al trabajo? ¿Le gusta entonces esa voz? ¿Qué le responde usted a eso? Como el común de las personas, es probable que usted discuta internamente con la misma como lo haría con un jefe opresor. "¡Lárgate! ¿Es que no me vas a dejar descansar ni siquiera un minuto? ¡Cálmate!" O, sino, intentará usted sofocarla sentándose a ver televisión o a beber unas copas. La parte suya que desea obtener logros ejerce como un excelente sirviente, pero también como un terrible maestro de modo que se establecerá una relación de amor y odio con ella.

Las relaciones continuas y complejas que tenemos con muchas de nuestras diferentes voces internas, patrones de pensamiento y emociones son similares a las que tenemos con las demás personas. Lo que llamamos "pensamiento" corresponde a menudo a los diálogos internos que sostenemos con las diferentes partes nuestras. Consideremos otro ejemplo. Piense en alguien a quien usted ama y que ha muerto. ¿Cómo experimenta usted el dolor que siente por esa persona fallecida? Es posible que usted tema sentirse abrumado por ello y le perturbe la manera en que ello le abate. Usted intenta mantenerlo encerrado en alguna parte de su psique y evita cualquier cosa que pudiera recordarle a la persona querida fallecida. Incluso se impacienta: "Después de tanto tiempo, ¿por qué estoy sintiendo lo que siento? Pensaba que todo esto ya estaba superado". Usted intentará convertir el dolor en un exiliado intrapsíquico.

Y, sin embargo, al igual que sucede con un exiliado, seguirá apoderándose de usted si no está atento, y así organizará situaciones en las cuales estos toman el control de la persona.

¿Y qué pasa con esa parte suya que se pone a la defensiva cuando usted discute con su pareja? En el fragor del enfrentamiento, usted se da cuenta de que se ha convertido en esa parte -aquella que ve a su pareja a través de aquellos ojos, asumiendo su perspectiva distorsionada en blanco y negro, de culpabilizaciones; resistiéndose tercamente a ceder un milímetro; y diciendo cosas hirientes. Luego se da cuenta que no había estado a la altura y se sorprende diciéndose a sí mismo:" ¿Quién se apoderó de mí para que me comportara de manera tan odiosa? ¡Ése no era yo!" ¿Cómo se siente usted respecto a ese defensor interno? Al igual que para la mayoría de las personas, existirán algunos aspectos de él que no le gustarán pero, ante una disputa, usted se siente tan vulnerable que confiará en él para su protección. Usted le deja que asuma la función ya que cree que, de otra forma, su pareja se lo llevará por delante junto con usted. Su rabia se convierte en el guardaespaldas duro que le gustaría tener cerca, aunque nunca le invitaría a cenar por ahí.

Todas las personas que he descrito en este capítulo vinieron a mí porque se encontraban en estado de guerra consigo mismas. Ellas se encontraban atadas a relaciones internas disfuncionales y donde, obviamente, sus relaciones externas evolucionaban de manera paralela a las internas. Los problemas que determinaron que estas personas acudieran a terapia no sólo mejoraron de manera significativa cuando lograron cambiar la manera en que abordaban e interactuaban con sus pensamientos y emociones sino que, además, lograron, en términos generales, reducir la agitación interna, gustarse más a sí mismas y tener en sus vidas mejores relaciones con las personas.

¿En qué dirección se produjo este cambio? Estas personas pasaron de odiar, temer, discutir; de intentos de ignorar, de encerrarse o de liberarse de; o de ceder y de verse abrumadas por dichos sentimientos y creencias a volverse curiosas en cuanto a estos sentimientos y creencias, prestándoles atención. La curiosidad que inicialmente sintieron por estos sentimientos y creencias les condujo en muchos casos a sentir compasión por ellos, pasando luego a intentar ayudarles.

Citaré un ejemplo de mi vida. Antes de que conociera esta nueva forma de relacionarme conmigo, cada vez que tenía que hacer una presentación en público, me ponía extremadamente ansioso el pensar sobre el resultado que obtendría. De niño había sufrido humillaciones en el colegio de modo que una parte de mí seguía estancada en el pasado, temiendo cada vez sufrir, una vez más, una nueva humillación. En emociones como éstas resulta irónico ver que sean precisamente ellas las que con frecuencia, crean la misma situación que tanto temen. Cuando la ansiedad se apoderaba de mí, era incapaz de prepararme adecuadamente, mostrándome inseguro y poco articulado de modo que obtenía la misma realimentación que mi ansiedad tanto temía. Tenía así buenas razones para considerar a la ansiedad como mi enemiga ya que obtenía un efecto tan negativo en mi rendimiento. Cada vez que comenzaba a sentirla, para tranquilizarme, me decía a mí mismo:" No te preocupes, sabes de lo que estás hablando y nadie te mira mal. Además, si te equivocas, tampoco va a ser el fin de tu carrera". Esta forma de diálogo racional conmigo mismo duraba poco porque, luego, la ansiedad volvía a reptar dentro de mí, sintiéndome frustrado y aumentando mi auto-crítica. "¿Por qué eres un debilucho? ¿Por qué no eres como las demás personas que son capaces de hacer esto sin problemas?". Yo había estado teniendo estos conflictos internos hasta la presentación. Solía hacer bien mi exposición; sin embargo, la siguiente semana la pasaba buscando toda posible estupidez que había dicho o, sino, toda idea inteligente que no había dicho. Toda esta situación se había convertido en un calvario frente al cual sentía pavor.

Ahora he aprendido a relacionarme con mi ansiedad de una forma tal que dichas situaciones han dejado de ser esos calvarios temibles para convertirse en desafíos interesantes. En vez de atacar o de ignorar dicha ansiedad, intento entrar en un estado de curiosidad, centrándome internamente en él y planteándole preguntas. Según voy centrándome en dicha sensación, observo que pareciera provenir de un nudo en mis entrañas de modo que centro allí mi atención a la vez que le pregunto internamente: "¿De qué tienes tanto miedo?" y luego espero tranquilamente su respuesta. Al cabo de unos segundos escucho una "voz" débil (en realidad, no se trata tanto de una voz sino que más bien de una cadena de pensamientos) que provienen de las oscuras profundidades de mi mente y me dicen: "Sé que voy a fallar y me voy a sentir avergonzado nuevamente". Luego, vuelven a aparecer imágenes de mi pasado- escenas de lo que años atrás, había sucedido en el colegio. De repente me doy cuenta de que estoy pleno de empatía y afecto por ese niño tímido que, de manera pública y grave, había sido humillado por no estar lo suficientemente preparado. Conservo en mi mente a ese niño y le recuerdo que estoy a su lado y que no es él quien tiene que hacer la presentación. Le hago saber que, independientemente de lo que suceda, yo le quiero. Él se calma así inmediatamente mientras que yo siento cómo se deshace el nudo en mi estómago. Esta interacción dura menos de un minuto y ya puedo decir "Allá vamos", pero esto se debe a que, hace algunos años atrás, pasé varias horas intentando conocer a aquella parte ansiosa que había en mí y cambiar la relación que tenía con ella. Ahora basta sólo un breve recordatorio.

Puede resultar extraño plantearse preguntas sobre una emoción, pero ¿se ha sentido usted alguna vez furioso, o triste, sin saber por qué para luego, al cabo de un día o más, surgir espontáneamente desde su interior la respuesta? IFS ofrece una forma de hacer más expeditivo dicho proceso, de manera que le ayudará a entender no solamente por qué motivo sus emociones están alteradas sino que, además, le ayudará a saber cómo calmarlas como también a saber qué es lo que necesitan que usted les proporcione. Constituye una forma de tranquilizarse a sí mismo que, una vez comprendida, resulta fácil de practicar para cualquier persona. La parte difícil la constituye, en cambio, el sentir curiosidad o compasión por aquellas emociones o creencias por las cuales usted ha estado acostumbrado a sentir odio y de las cuales quiere liberarse.

A primera vista podría parecer absurdo. ¿Por qué querría uno centrar su atención e intentar sentir compasión por esa voz crítica interna que te hace sentir poca cosa, por ese miedo paralizante que bloquea tu cerebro en situaciones de alta presión, por esa ira que súbitamente puede secuestrar tu mente y hacer daño a otros y por esa parte sensible que hay en ti que rápidamente se siente herida y te hace sentir despreciable? Lo lógico sería no entrar ahí sino que, más bien, intentar cerrar la conciencia a todos estos pensamientos y emociones y así evitar sentirse mal y poder funcionar adecuadamente. Eso es lo que nos decían que teníamos que hacer con nuestras emociones y creencias difíciles. Pero si tal enfoque hubiera sido el adecuado, no estaríamos en este momento leyendo este libro.

Tal enfoque se basa en el concepto erróneo de que nuestras emociones y creencias extremas serían lo que parecen ser. De acuerdo con ello, si efectivamente su ira, temor, odio hacia sí mismo y sensación de inutilidad se correspondieran sencillamente con estados mentales perturbados o con ideas irracionales aprendidas, entonces sería lógico intentar emplear la "voluntad" para bloquearlos, argumentar contra ellos o, sino, contrarrestarlos con pensamientos positivos. Tendría, entonces, sentido establecer con ellos una relación autoritaria, coercitiva o displicente ya que parecería ser que serían nuestro enemigo interior. De este enfoque se derivaría, sin embargo, un desgraciado subproducto que consistiría en que usted establecería relaciones similares con aquellas personas de su entorno que encarnaran características de tales enemigos interiores suyos. Usted se volvería entonces, crítico o impaciente con todo aquel que diera la impresión de ser temeroso, despreciativo de sí mismo, vergonzoso o agresivo.

Espero que, en las siguientes páginas, logre ayudarle a darse cuenta de que sus emociones y sentimientos son mucho más de lo que parecen ser –que dichas emociones e ideas emanan de personalidades internas suyas que yo denomino partes. Lo que estoy proponiendo es que, por ejemplo, lo que aparenta ser un carácter explosivo es mucho más que un manojo de ira. Si usted lograra centrar su atención en él y pudiera plantearle preguntas, podría comprobar que se trata de una parte protectora suya que intenta defender aquellas partes que son vulnerables y que, además, se encuentra en conflicto con aquellas partes suyas que son complacientes. Podría revelarle así que, en la medida en que usted siga siendo vulnerable y abnegado, esa parte permanecerá así de enfadada. Podría revelarle también que, además, tiene otros sentimientos como pueden ser el temor o la tristeza pero que, para protegerle a usted, cree que debe seguir desempeñando este papel de enfado. Si se lo preguntara (a la parte), podría mostrarle escenas de los momentos de su vida en que esta se vio forzada a adoptar este rol protector. Podrá incluso mostrarle una imagen o representación de sí misma como si fuera un volcán, un dragón o un duro adolescente. Pero, más importante aún, usted puede ayudarle a liberarse de lo que lleva dentro de modo que no se quede estancado en ese papel iracundo. Con su ayuda podrá convertirse en una cualidad valiosa ya que usted dejará de estar afectado por el mal carácter y podrá, en cambio, tener de manera creciente una actitud asertiva.

El párrafo anterior puede haber determinado que una de sus partes dijera:" Esto me suena raro. ¿Me está diciendo que yo tengo todas esas pequeñas personas dentro de mí que puedan hablar conmigo? ¿Cree, acaso, que yo soy Sybil?" (Sybil es una persona que se convirtió en un controvertido caso de TID en USA). No le culpo por su escepticismo. Yo también lo era cuando mis clientes comenzaron inicialmente a hablarme de sus partes ya que se trata de una de esas cosas que resultan difíciles de aceptar hasta que uno no las experimenta personalmente. Resultará difícil de creer hasta que uno no logre centrarse en su interior y comience a tener conversaciones intencionales con sus emociones y pensamientos y se vea sorprendido por las respuestas que se producen. No le pido que me crea- simplemente le invito a que mantenga su mente abierta a esta posibilidad y que investigue usted por su propia cuenta. Descubra por sí mismo que lo que le estoy diciendo es posible -que usted puede ayudar a que sus antagonistas internos se conviertan en sus aliados. Tal vez sea esto lo que quiso dar a entender Jesús cuando dijo: "Amad a vuestros enemigos".

Esta concepción de nuestros pensamientos y emociones

perturbadoras consistente en que se trata de manifestaciones de nuestras personalidades internas que, como consecuencia de sucesos acaecidos en la vida, se han visto forzadas a adoptar roles extremos, es la que nos conduce a relacionarnos con ellos de manera diferente. Resulta fácil sentir compasión por un adolescente interior que, de manera valiente, le ha protegido en el pasado, y que, a lo largo del tiempo, ha permanecido congelado, atascado, en ese papel agresivo, o si no, de un niño pequeño que, aterrorizado, teme sufrir una nueva humillación. Con esta concepción ya podremos comenzar a revertir las relaciones disfuncionales que hayamos podido establecer con nuestras diferentes partes y las que éstas hubieran establecido entre sí. En la medida en que éstas sientan que se las acepta cada vez más o que sufrirán menos amenazas o ataques, comenzarán a transformarse; una vez que les damos un beso, nuestras ranas se convierten en príncipes. Y por añadidura, estaremos en condiciones de aceptar mejor y ser menos reactivos frente a aquellas personas que solían causarnos malestar. Podremos así, relacionarnos con ellas con compasión ya que estaremos en condición de relacionarnos con aquellas partes nuestras que se parecen a estas personas. A veces descubrimos que estas personas también han cambiado –o, al menos, que se ha transformado la percepción y la relación que manteníamos con ellas.

Piense en cómo se modificaría su entorno laboral si los líderes en su organización se relacionaran con ellos mismos de una manera diferente. Si estos líderes odian esas partes suyas que desean ir a un ritmo más lento y a disfrutar de la vida, se volverán entonces impacientes hacia aquellos colaboradores que no estén orientados hacia los logros como lo están ellos. Al querer liberarse de su propia inseguridad y ansiedad, crearán de esa forma una atmósfera tal en la que las personas temerán por su puesto de trabajo si llegaran a mostrar alguna vulnerabilidad. Si estos líderes cometen errores y se atacan a sí mismos por ello, cada cual intentará aparentar ser perfecto. Si temen a sus propios críticos internos, acabarán temiendo el juicio de los demás y permitirán que otros les exploten. Si, por el contrario, pudieran relacionarse con dichas partes de manera comprensiva, tal compasión y aceptación se extendería por la empresa, permitiendo que sus empleados se relacionaran de manera compasiva, tanto con sus propias partes como entre sí. El mismo proceso se aplica a nuestra familia interna.

Esta nueva forma de relacionarse consigo mismo no puede ser forzada. No sirve el darse órdenes a sí mismo para sentir curiosidad por las partes o aparentar sentir compasión por ellas. Hace falta que sea genuina. Entonces, ¿cómo se llega a ese punto? Esto hace surgir la interrogante de cuál de los "yo" es el que se relaciona con las partes. ¿Quién es usted en su esencia?

El descubrimiento más maravilloso que he hecho es que, mientras uno está llevando a cabo esta labor, uno libera lo que yo llamo el propio Self o su auténtico Self. He descubierto que, según van concentrándose las personas en sus emociones y pensamientos extremos, al proceder de esta forma, irán separándose de ellos, a la vez que simultáneamente se irán manifestando cualidades que contribuyen a un buen liderazgo, tanto interno como externo. Parecería ser que todos nosotros dispondríamos, en nuestro núcleo, de cualidades tales como la curiosidad, la compasión, la calma, la confianza, el coraje, la claridad, la creatividad y la capacidad de conectarnos. Se trataría de la psique, o sea el alma, esencia, de la que hablan las tradiciones espirituales, pero de la que la mayoría de las psicoterapias apenas dicen algo. Su Self se verá tan oscurecido por el temor, la ira y la vergüenza, es decir, por todas aquellas emociones y creencias extremas que han ido introduciéndose en su persona a lo largo de su vida, que usted podrá incluso no saber que lo tiene.

Si usted es como la mayoría de las personas, habrá logrado captar sólo algunos destellos de su Self. Podría suceder que el constante diálogo interno con sus partes y entre sus partes se hubiera detenido cuando usted se sumió en una actividad creativa o deportiva, observaba la belleza de la puesta de sol o se entretenía con la inocencia de los juegos de unos niños, o bien, practicaba una actividad peligrosa como es la escalada de montañas que requiere de una conciencia plena centrada en el presente. Usted recordaría dichas experiencias como momentos breves en los que experimentó una alegría completa y una paz profunda. Tal vez haya tenido una experiencia fugaz de estar en conexión con alguien más grande que usted y sentir la sensación de bienestar que acompaña a dicha conciencia. Es probable que su torrente de conciencia, habitualmente agitado y ruidoso, haya desechado tales episodios como episodios anómalos y que haya supuesto que usted es más bien el ruido que la paz que hay debajo de él. Pero, ¿qué pasaría si usted fuera efectivamente ese estado conectado, apacible y feliz? ¿Cómo cambiaría eso su concepto de sí mismo? ¿Y, si junto con el tener momentos breves, apacibles y felices, fuera también posible el permanecer durante largos períodos de tiempo en ese estado, bien sea desempeñando las actividades diarias o, incluso, en un conflicto con alguien? Por último, ¿qué pasaría si, mientras se encontrara en ese estado del Self, usted no sólo se sintiera bien sino que, además, manifestara de manera espontánea cualidades tales como una curiosidad genuina, una abierta compasión, claridad de percepción y una sabiduría intuitiva que le permitiera relacionarse de manera armónica con sus partes y con las personas que aparecen en su vida? Si todo esto fuera cierto, su vida podría ser muy diferente. La buena noticia es que todo esto es cierto.

Este libro está basado en un enfoque psicoterapéutico denominado Internal Family Systems (IFS) (Sistemas de la familia interna), llamado así porque es como si cada uno de nosotros tuviera una familia de partes viviendo dentro de nosotros. Un terapeuta de IFS ayudará al cliente a que primero enfoque su atención hacia las partes y que conozca a las que le protegen. Luego le pedirá al cliente que les pida que se relajen, que se separen con sus sentimientos y creencias de modo que se pueda disponer de mayor espacio dentro de él. Según se va produciendo esto, el cliente irá refiriendo espontáneamente que se siente más tranquilo, curioso y compasivo hacia dichas partes, cualidades que son precisamente las del Self. No necesito, tampoco debo, pedirle al cliente que se sienta de esta manera ya que estas cualidades surgirán de manera natural como si hubiera sido liberado en el momento en que las partes se relajaron y se separaron.

Ted, por ejemplo, tiene miedo de su crítico interior. Según logra él recordar, siempre había sentido que el juicio constante al que le sometía, le resultaba opresor. Cuando enfoca su atención hacia él, lo sitúa en la cabeza y manifiesta odiarle. Yo le pido que se centre en la parte que odia al crítico interno y que le pida a ésta que se separe de él. La parte furiosa accede a ello. Cuando se le pregunta a Ted que siente ahora hacia el crítico interno, él manifiesta, ya con una voz más calmada y confiada: "Me pregunto por qué tiene la necesidad de hacerme esto a mí". Incluso manifiesta que la imagen que tenía de él ha cambiado. Aunque inicialmente se parecía a la figura gigante y amenazante de su padre, actualmente ha disminuido mucho de tamaño y tiene una apariencia, incluso, más joven. Al no sentirse Ted ahora intimidado por su crítico, ha comenzado a escucharle hablar de lo duro que le resulta conseguir que rinda de manera perfecta de modo que no sea criticado por los demás. Cree, además, que si le hace sentirse mal, es porque con ello podrá estar preparado frente a los juicios negativos de las demás personas. Ted siente que, según le va escuchando, su gratitud por los esfuerzos desplegados por él (crítico) para protegerle es cada vez mayor; igualmente, siente empatía por lo que percibe de temor al rechazo que existe en esta parte. Cuando Ted le dice a aquella parte lo que siente, el antiguo "torturador de sangre fría" se quiebra y rompe a llorar. Rainer María Rilke decía: "Es posible que todos los dragones que habitan en nuestras vidas no sean más que princesas que sólo están esperando a poder vernos alguna vez bellos y valientes. Es probable que, en lo más profundo de su ser, lo terrible no sea más que algo desamparado que necesita de nuestra ayuda".

Una vez que había logrado liberarse de su miedo, Ted ya sabía cómo ayudar a su crítico. Una vez separada su ira, mi guía se hizo menos necesaria y Ted tomó el control, pareciendo ser que sabía cómo ayudar a esa parte. Esto es un fenómeno frecuente en la terapia con IFS. De la misma forma como nuestros cuerpos saben cómo curar nuestras heridas físicas, pareciera ser de que todos dispondríamos de una sabiduría innata que permitiría curar nuestras heridas emocionales. La dificultad estribaría en saber acceder a dicha sabiduría. IFS le proporciona maneras claras y prácticas para lograrlo a la vez que le ayuda a introducir cada vez más Self en su vida en general. Ofrece, así, un nuevo y estimulante concepto del self, una manera clara y eficaz para poder entender y abordar las emociones y pensamientos problemáticos y un método que permita que el Self tenga un mayor liderazgo en la vida diaria de forma tal que usted pueda encontrarse en un estado de paz y gozo profundo durante más tiempo y pudiendo relacionarse con los demás desde este estado. El primer paso que debe darse en la consecución de tales objetivos consistirá en ayudarle a que usted tome conciencia del hecho de que usted es mucho más que las enseñanzas que a lo largo de su vida ha recibido.

EJERCICIOS

Ser conscientes de las relaciones internas de familia

Tómese unos momentos para pensar en las relaciones que usted ha ido formando con sus diversos pensamientos, emociones o voces internas. A continuación figura una lista de partes que son las que la mayoría de las personas ha experimentado y por las cuales se ha sentido, en ocasiones, oprimida. Después de haber leído cada una de ellas, considere usted cómo se ha relacionado con ellas-qué siente hacia ellas, qué hace o qué se dice a sí mismo cuando las experimenta, con qué éxito ha logrado exiliarlas de su vida y en qué medida ha afectado a su vida su relación con ellas.

pensamientos o impulsos sexuales

la voz interna que critica su aspecto o rendimiento

ansiedad que bloquea su mente en
situaciones de alto rendimiento

impulso de comer o beber en exceso

celos o posesividad respecto de la pareja, anhelo de intimidad

preocupación por el futuro con aparición
de los peores escenarios posibles en su mente

duelo por alguien muerto o que le ha abandonado

persistente sensación de inutilidad
la voz que le dice que no trabaja lo suficientemente
duro y no le deja descansar

miedo que le impide correr riesgos socialmente e
inhibe su vitalidad

el impulso a cuidar de los demás, descuidándose a sí mismo
la rabia que surge cuando usted se siente herido por alguien
una sensibilidad que puede ser fácilmente herida

soledad que surge cuando no está distraído o con personas

competitividad que le hace sentirse mal cuando ve que
otros lo hacen mejor que usted

necesidad de tener todo o a todos bajo control
una sensación subyacente de incompetencia

la máscara de "que feliz juntos" detrás de la que se esconde usted

el perfeccionista dentro de usted que no le permite cometer
errores o imperfecciones

pensamientos críticos que tiene sobre otras personas
inercia que le hace sentarse frente a la TV o tumbarse en la cama
una sensación de desesperanza que convierte tareas sencillas en
abrumadoras

insatisfecho por el lugar que ha alcanzado en la vida
o por los logros que ha obtenido
sensación de que ha sido una víctima en la vida

Espero que en la lista haya encontrado algunos pensamientos o emociones que le cuesta aceptar que tiene y que, en cambio, le gustaría librarse de ellos. Tal vez haya logrado liberarse de alguno de ellos en cuanto que no los experimenta con demasiada frecuencia, considerando así que no es la persona con ese tipo de problemas.

Elija uno de la lista frente al cual ha tenido usted una reacción intensa y considere lo difícil que le resultaría cambiar la forma en que usted se ha relacionado con él. ¿Podría usted imaginarse abordándolo con curiosidad, e intentar antes bien, escucharle, que regañarle o espantarle? La curiosidad es a menudo el primer paso a dar ya que, si no ha escuchado los motivos que tiene para ser como es, difícilmente podrá sentir usted compasión por él. ¿Qué miedos surgen en usted cuando contempla este tipo de cambios en su relación interna?

****

Contemplando quién es usted realmente

¿Cuáles son sus creencias fundamentales referentes a la naturaleza humana? ¿Somos, esencialmente, egoístas y agresivos o ha tenido usted experiencias personales que van en contra de esta opinión? ¿Cómo cambiaría usted su visión de sí mismo si aceptara la idea de que es inherente a su Self nuclear el ser bueno, sabio, valeroso, compasivo, alegre y tranquilo? Tómese algunos minutos para imaginarse cuán diferente sería su vida si a diario tuviera usted un mayor acceso a estas cualidades y confiara en que este Self tranquilo, alegre se correspondiera con su identidad auténtica. Piense en cómo cambiarían sus relaciones con personas clave en su vida personal, en su vida laboral o de colegio como también en las decisiones que usted pudiera tomar en el futuro.

Contemplando su propia multiplicidad

Considere por un segundo la idea de que sus pensamientos y emociones proceden de diferentes aspectos o subpersonalidades existentes dentro de usted. ¿Qué temores surgen cuando usted contempla esta posibilidad? Las personas suelen tener temores que estarían asociados a afecciones tales como la esquizofrenia o el trastorno de personalidad múltiple (denominado en la actualidad Trastorno de identidad disociada, TID) o que se originarían en la extraña idea de que existirían entidades autónomas dentro de nosotros por lo que no tendríamos un pleno control de nosotros mismos. Si logra apartar dichos temores por unos segundos, considere qué beneficios obtendría si tuviera partes. ¿Qué pasaría si usted supiera con certeza que sus pensamientos o sentimientos más repulsivos y repudiables no forman parte de la esencia de su identidad, sino que proceden de estas pequeñas partes existentes dentro de usted? ¿Qué pasaría si usted pudiera excluir sentimientos vergonzosos que siente hacia otros, diciéndose a sí mismo: "Hay partes de mí que sienten que..." en vez de: "Yo siento que...". ¿Qué pasaría si usted estuviera plenamente convencido de que dichas partes son diferentes de su Self y que usted, en cuanto es ese Self, puede ayudarlas a transformarse?

Capítulo Dos

EL SELF

Antes de que uno pueda moverse en dirección de la liberación del Self, es necesario que uno sepa que existe. Si usted no tiene idea alguna de quien es usted en realidad, difícilmente podrá convertirse en esa persona. Toda efímera experiencia del Self que pudiera tener, será desechada por usted como una idea aberrante o una ilusión, volviendo a adherirse a los conceptos auto-limitantes que le enseñaron. Cuando se le preguntó a Miguel Ángel cómo, a partir de un bloque de mármol, había creado el magnífico David, se tiene entendido que habría dicho: "Sabía que estaba ahí y sólo hacía falta sacarlo". Si usted sabe que está en posesión de una magnífica esencia, pero que está incrustada en emociones y creencias calcificadas, es el momento de ponerse a trabajar para liberar tal esencia. Si no sabe que existe, tendrá que resignarse a experimentar la vida a través de una cubierta protectora.

En este capítulo investigaremos la idea del Self, idea que es la pieza central del modelo IFS y que, para la mayoría de las personas, resulta difícil de aceptar por completo. La idea de que uno, en su esencia, es todo alegría y paz y que, a partir de ahí, puede expresar cúmulos de liderazgo y cualidades sanadoras maravillosas y experimentar una sensación de estar conectado espiritualmente, son conceptos que van en contra de lo que uno ha aprendido sobre sí mismo. Respecto de la naturaleza humana existe, a lo largo de nuestra cultura, una diversidad de creencias, ninguna de las cuales es excesivamente alentadora. La más evidente de todas ellas es la doctrina del Pecado Original, expuesta por San Agustín y que, a partir de entonces, se ha visto promovida por gran parte del cristianismo occidental. De acuerdo con esta doctrina, como consecuencia de la transgresión cometida por Adán y Eva -la Caída-, la Humanidad se ha visto maldecida a nacer en el pecado y a tener una naturaleza baja y egoísta. Según esta perspectiva, nuestras pasiones serían la evidencia de nuestro estado pecaminosos continuo. Debemos pasar nuestra vida controlando nuestras emociones e impulsos apasionados y recordándonos a nosotros mismos nuestra condición pecaminosa básica. Si bien son muchos los cristianos que en la actualidad se han apartado de esta posición, el efecto que ha tenido sobre las creencias existentes en relación a las personas en la cultura occidental ha sido enorme. Tales creencias no existían antes de San Agustín y, de hecho, han sido muchos los cristianos primitivos los que suscribieron la doctrina opuesta, que podría llamarse la "Bendición Original".

Otra de las posturas que ha tenido una enorme influencia ha sido la teoría de la evolución de Charles Darwin. La postura de Darwin respecto de la naturaleza humana, si bien se trata de una perspectiva científica, se corresponde bastante con la doctrina del Pecado original. Él postula que nuestra naturaleza egoísta es el producto de nuestros genes que nos programan para la lucha por la supervivencia en un ambiente competitivo y hostil. Estos mitos culturales de la Caída y del "gen egoísta" aparecen reflejados en algunas de las escuelas psicológicas más influyentes. Tal es el caso, por ejemplo, de las escuelas freudianas, conductistas y evolutivas que sostienen que todos nuestros actos están diseñados con el propósito de maximizar el placer o para expandir nuestro fondo o reserva de genes. Esta percepción de nosotros mismos como entes fundamentalmente egoístas o pecadores ha contribuido a que se adopten métodos severos y punitivos para controlar, tanto a nuestras partes como a los demás.

Luego está la psicología del desarrollo que sostiene que nuestra naturaleza básica está en función del tipo de relación parental que hayamos tenido. Si uno ha tenido la suerte de disfrutar de una relación parental "lo suficientemente buena" durante ciertos períodos críticos de nuestro desarrollo inicial, entonces uno saldrá de la infancia reforzado con un cierto grado de "fortaleza del ego". De otra forma, habrá tenido mala suerte. Hasta que no experimente una nueva relación parental correctora con un terapeuta o con otra persona significativa para usted, permanecerá en un estado deficitario y patológico. Esta perspectiva según la cual si disponemos de algunas cualidades valiosas, es porque éstas nos han de haber sido dadas por el mundo exterior, es otra de las perspectivas prevalentes e influyentes. Constituye la base de las teorías del aprendizaje que han predominado en nuestro sistema educativo. Creemos que la moralidad, la empatía y el respeto deben sernos enseñadas ya que éstas no son inherentes a nosotros mismos. Esta filosofía nos enseña que, para satisfacer nuestras necesidades, debemos buscarlas fuera de nosotros mismos; de la misma forma, ha alentado a que los terapeutas intenten proporcionar a sus clientes lo que ellos estiman que éstos carecen, en vez de ayudarles a encontrarlas dentro de ellos mismos. Esta visión de nosotros mismos como entes dependientes del entorno, desprovistos de recursos e ignorantes, nos ha conducido a buscar al "experto" adecuado que solucione nuestros problemas y a quienes ayudan, a asumir roles pedagógicos o parentales. Se nos ha desalentado, en definitiva, a ejercer un liderazgo sobre nuestras partes y en nuestras vidas

Viaje hacia el Self

Para que usted pueda considerar la posibilidad de que todo lo que usted ha aprendido sobre sí mismo, estaba equivocado, puede resultarle de utilidad que yo le describa cómo llegué a esa conclusión. Cuando, hacia finales de la década de los '70, comencé a trabajar como terapeuta, consideraba que debía proporcionar a mis clientes insights y sugerencias que fueran cruciales. El hecho de que ellos tuvieran problemas me indicaba que ellos carecían de algo y que me estaban pagando para que fuera yo quien se lo proporcionara. De nuestra cultura había absorbido, además, una imagen cínica de las personas, -como también de mí mismo-, como seres interesados e impulsados por el miedo mientras que, por mi formación, eran un montón de patologías. Si bien había vislumbrado algo, aún no me había abierto a la posibilidad de la existencia del Self. Al igual que mucha gente joven de la década de los 60, yo había experimentado con la meditación para poder tener un respiro frente a mi cacofonía interna. Mi mente se tranquilizaba y percibía que existían otras dimensiones de mí mismo mientras estaba centrado en mi mantra; sin embargo, no tenía un marco de referencia que me permitiera entenderlas. Además, como atleta, tanto en el estadio de fútbol americano, como en el campo de baloncesto, había entrado en ocasiones en un estado de delicioso fluir en el cual mi mente estaba tranquila y mi cuerpo no podía cometer errores. Y, sin embargo, al igual que la mayoría de las personas, buscaba desesperadamente contrarrestar esa sensación subyacente de no valer nada que corría por mi psique. Y creía lo que esas voces internas me decían que, básicamente, yo era un vago, estúpido y egoísta. Y eso es lo que creía que yo era realmente.

Fue más tarde, en mi carrera como terapeuta, mientras era testigo de lo que sucedía en mis pacientes cuando les ayudaba en la exploración de sus mundos interiores, cuando fui conducido hacia el conocimiento del Self. En aquella época, a comienzos de la década de los 80, yo era un entusiasta terapeuta familiar que creía que la terapia de familia, al emplear sistemas de pensamiento destinados a la comprensión y realización de cambios en las estructuras familiares, había encontrado el Santo Grial. En esa época, yo, al igual que los demás terapeutas familiares, teníamos escaso interés en la vida intrapsíquica nuestra o de nuestros clientes. Pensaba en aquel entonces que, para solucionar los problemas de mis clientes, no era necesario mirar dentro de las personas, sino, más bien, lograr cambiar las relaciones que tenían con otros miembros de la familia. Mis clientes, sin embargo, no cooperaban. Yo sufría lo que Aldous Huxley solía llamar "el asesinato de una bella hipótesis por un feo hecho". El hecho era que, al margen de cuán bien se pudieran reorganizar las relaciones familiares, el poder que las vidas interiores de las personas tenían sobre ellas, era enorme.

Fue a partir de dicha frustración cuando comencé a preguntar a los clientes qué tipo de pensamientos y de sentimientos eran los que les mantenían estancados en esos antiguos atolladeros. En esa época tuve a varios clientes que hablaban de diferentes partes de sí mismos como si dichas "partes" fueran voces o sub-personalidades autónomas. Tomemos, por ejemplo, el caso de una encantadora joven mujer que llamaremos Diane, quien hablaba de tener una voz pesimista y un crítico interno que, frente a cada acción positiva que ella emprendía, la acompañaban de sus cánticos penumbrosos y funestos. Ella comentaba, además, que existían unas voces que discutían con estos profetas del fracaso, mientras que otras se sentían avergonzadas e inútiles. Ella consideraba que la vergüenza y la incompetencia eran la "Diane real". Como terapeuta familiar, me sentí intrigado por estas batallas internas. Comencé por pedir a Diane y a otros clientes que intentaran cambiar dichas ideas de la misma forma que lo había hecho cuando intentaba solucionar los conflictos en las familias. En definitiva, como ya se ha comentado previamente, comencé a centrarme en la relación que Diane tenía con sus pensamientos y emociones.

Daba la impresión de que Diane y muchos otros clientes podían realmente conversar con dichos pensamientos y sentimientos como si se tratara de personalidades reales. Le pedí a Diane que le preguntara a su voz pesimista por qué le decía siempre que era un caso perdido. Para mi sorpresa, ella me dijo que esa voz le había respondido. Esa voz le decía que ella era incapaz de evitar correr riesgos y de resultar herida – en otras palabras, la estaba protegiendo. Esto parecía ser una interacción prometedora. Si esta voz pesimista tenía buenas intenciones, entonces Diane podría negociar con ella para que adoptara un papel diferente. Diane, sin embargo, no estaba interesada en ello. Estaba furiosa con esa voz y le dijo que la dejara en paz. Cuando le pregunté por qué había sido tan brusca, Diane inició una larga diatriba describiendo de qué manera esa voz presentaba como obstáculo insalvable cada paso que ella emprendiera.

Luego me di cuenta que no era con Diane con quien estaba hablando sino que con una parte diferente de ella que estaba en permanente lucha con la parte pesimista. Diane me había hablado en una anterior conversación de la existencia de una lucha interior continua entre una voz que la empujaba hacia los logros y la voz pesimista que le decía que todos sus esfuerzos eran inútiles. Daba la impresión de que la parte competitiva se había introducido en la conversación mientras ella hablaba con la parte pesimista.

Le pedí a Diane que se centrara en la voz que estaba tan enfadada con la parte pesimista y le pidiera que dejara de interferir en la negociación que ella estaba teniendo con la parte. Una vez más, para mi sorpresa, ésta accede a dar "un paso atrás" y Diane dejó de sentir la ira tan intensa que había sentido segundos antes. Cuando le pregunté que sentía ahora hacia la parte pesimista, parecía como si fuera otra la persona que respondía. Con una voz tranquila y cariñosa se manifiesta agradecida hacia ella por los esfuerzos desplegados para protegerla y lamentaba que la parte tuviera que trabajar tan duro. También habían cambiado su cara y su postura, reflejando su voz una suave compasión. A partir de ese punto, las negociaciones con la parte pesimista fueron fáciles.

Intenté este "paso atrás" con otros clientes. Hubo ocasiones en las que, para lograr alcanzar un estado semejante al de Diana, fue necesario, pedir que dos o tres voces dejaran de interferir, pero lo logramos. Comencé así, a sentirme entusiasmado. ¿Qué pasaría si las personas lograran apartar las voces extremas, ya no sólo en negociaciones con las partes sino que, también cuando se tratara de familiares, jefes, cualquiera, simplemente pidiéndoselo? Una vez que las partes se habían hecho a un lado, ¿se volverían las personas tan compasivas como Diane o los otros clientes?

Una vez alcanzado ese estado apacible y compasivo, les preguntaba a mis clientes qué voz o qué parte era la que estaba ahora. Todos ellos respondieron con una variante de la siguiente respuesta: "No se trata de una parte como eran aquellas otras voces. Se parece más a lo que realmente soy- ese es mi Self". Sin saberlo, había tropezado con una nueva forma de ayudar a las personas a acceder a su Self, forma que ya había sido descrita por muchas tradiciones espirituales, pero que yo no había descubierto hasta años más tarde. En ese momento, yo estaba contento de haber encontrado una manera de practicar terapia que supusiera un menor esfuerzo y fuera, además, más eficaz tanto para mis clientes como para mí.

Este descubrimiento fortuito que hice a comienzos de los ´80`, consistente en que, en la medida en que ayudaba a los clientes a separarse de sus emociones y creencias extremas, estos se desplazaban de manera inmediata y espontánea hacia su Self, resultaba confuso a la vez que apasionante. En varios casos llegaron a demostrar súbitamente una fuerza del ego que no sospechaba que tuvieran. Algunos de estos clientes no sólo no habían tenido buenos padres cuando eran niños, sino que, además, habían sido torturados y despreciados día tras día. Algunos de ellos nunca habían sido apoyados o consolados en sus vidas. Sus infancias habían sido pesadillas de miedo y degradación. Entonces, ¿de dónde habían sacado estas cualidades que estaban brotando ahora? Estas cualidades no las habían absorbido precisamente de las personas abusivas de las cuales habían dependido cuando niños.

Comencé así a cuestionarme los supuestos en los que se basaba la psicología del desarrollo y las teorías del aprendizaje. Yo me preguntaba: ¿Sería posible que naciéramos con tales cualidades y que no necesitáramos obtenerlas de nuestros entornos? ¿Cómo es posible que tanto las diferentes escuelas psicológicas y filosóficas como las diferentes religiones hubieran subestimado tan crasamente la naturaleza humana? Tras varios años de comprobar con muchísimos clientes esta posibilidad, y de constatar una y otra vez que una vez que sus partes habían sido apartadas, ellos, de manera espontánea, incorporaban, encarnaban, las cualidades del Self, sólo entonces fui capaz de liberarme de mi cinismo profundamente arraigado y abrazar plenamente la convicción apasionante de que lo que nos es propio es mucho mayor de lo que solíamos pensar.

Al encontrar poca información en la psicología occidental que permitiera confirmar estas observaciones optimistas, decidí buscar en otras partes. Así descubrí que el tipo de Self que había observado en mis clientes, aparecía descrito en diversas tradiciones espirituales del mundo.

El secreto de los dioses

Una antigua leyenda cuenta que hubo un tiempo en que los dioses deliberaban sobre dónde esconder el secreto para la paz y la alegría. Ellos no querían que los hombres lo encontraran hasta el momento en que supieran valorarlas. Uno de ellos dijo: "Escondámoslo en la montaña más alta". Uno de los dioses replicó: "No, allí la encontrarían demasiado pronto y fácilmente". Otro de los dioses sugirió entonces, esconderlo en el más espeso de los bosques; sin embargo, la propuesta fue rechazada por la misma razón. Tras muchas propuestas y rechazos de las mismas, el más sabio de ellos dijo: "Escondámoslo en el corazón de los hombres-ese será el último lugar en el que busquen". Todos los dioses estuvieron de acuerdo de modo que allí lo guardaron.

Los dioses habían sido muy sabios. El último lugar donde buscaríamos la paz y la felicidad sería dentro de nosotros mismos. Buscaríamos antes en cualquier otra parte: en las relaciones íntimas, en nuestras profesiones, las compras, los viajes, en gurús, en grupos de auto-ayuda y en "la gracia de Dios en los cielos". Y, sin embargo, a lo largo de los siglos y en muchos lugares del mundo, son muchos los pequeños grupos de personas que han mirado dentro de sí mismo y han descubierto lo que los dioses habían ocultado. A ellos se les conoce como las ramas esotéricas o místicas de las distintas religiones mundiales. (El término esotérico al que aludimos aquí no se refiere a algo exótico o exagerado. El término procede del griego esotero, que significa "más adentro. Las tradiciones esotéricas son aquellas que han mirado más adentro". en las personas en contraposición con las religiones exotéricas, convencionales). Todos estos grupos, aun cuando emplean palabras diferentes, vienen a expresar lo mismo: que somos chispas de la llama eterna, gotas del océano divino, manifestaciones del motivo absoluto del ser. Pero como no miramos dentro de nosotros mismos, tenemos escasa conciencia de quienes realmente somos. Una vez que hayamos aprendido a tener conciencia de quienes somos realmente, habremos encontrado la paz y la felicidad.

Según iba explorando los escritos de algunas de las escuelas esotéricas (las que miran adentro) me fui dando cuenta de que, al interaccionar con las partes de las personas de una forma tal que éstas pudieran apartar de sí sus emociones y creencias, había logrado encontrar casualmente un camino que ayudara a estas personas a acceder a ese estado de conciencia que aquellas tradiciones habían buscado mediante la meditación y otras técnicas. Había tropezado así con el secreto de los dioses.

¿Quién está ahí cuando das un paso atrás?

De hecho, el proceso de centrar la atención en una parte de

uno y pedirle a esta que "dé un paso atrás", o que "se separe", parece realmente a aquellas formas de meditación en las que las personas se apartan de sus pensamientos y los observan cual testigos. Así, por ejemplo, existe una popular forma budista de meditación llamada vipassana que consiste en ser simplemente testigos de cada pensamiento o estado emocional que surge. En la medida en que uno observa -se aparta de- en vez de convertirse o identificarse con sus pensamientos o emociones, tanto más irá relajándose hasta llegar al "yo" en que uno no es ni sus pensamientos ni sus emociones. Muchas tradiciones se refieren a ello como un "estado del vacío", del "no-yo". Con ello quieren a menudo decir que no hay ego o mente condicionada, lo que yo llamo "no partes".

El conocimiento de este lugar especial no está limitado a las tradiciones orientales. Thomas Merton, uno de los eruditos cristianos y escritor más importante del siglo veinte, escribió:

> Si entramos en nosotros mismos, encontraremos nuestro auténtico self y, luego, si pasando "más allá" de nuestro "Yo" interno, continuamos navegando por la inmensa oscuridad, nos encontraremos el "Yo Soy" del Todopoderoso...Nuestro "Yo" más íntimo existe en Dios y Dios crece en él...Luego, toda la experiencia mística cristiana no consiste solamente en una conciencia del self interno sino que, además, es un concebir a Dios como presente en nuestro self interno. (citado en Pennington, 1993, pág. 119).

Merton desarrolló una práctica de meditación llamada oración centrante, práctica que ha tenido una amplia difusión entre los cristianos en Occidente, en gran parte gracias a los esfuerzos realizados por el Padre Thomas Keating quien, además, concuerda con él en que "Dios y nuestro auténtico Self no están separados" (1997, pág. 127). Los cuáqueros la llaman la Luz interior. Los budistas la llaman rigpa, o Naturaleza de Buda. Los hindúes lo llaman Atman o el Self. El Maestro Eckhart lo llamaba Semilla de Dios. Para los sufíes es el Amado- Dios dentro.

Entre las diferentes tradiciones existe un consenso de que, al margen de que uno crea que es Dios quien está dentro de uno o que simplemente se trate de un estado superior de conciencia, tal lugar existe dentro de nosotros y no es difícil acceder a él. Las palabras que las diferentes tradiciones han empleado para describir el estado del Self – sabiduría y compasión inherente, un sentido de libertad, claridad, liberación, estabilidad, lucidez- se corresponden con algunas de las cualidades que los clientes refieren y manifiestan cuando sus partes se hacen a un lado y su Self se libera. El estado apacible que yo llamo Self ha sido conocido durante siglos por las personas. Cuanto más exploro este territorio espiritual, tanto más me identifico con aquella cita de Ralph Waldo Emerson que dice: "Todas mis mejores ideas fueron robadas por los antiguos".

Sin embargo, este estado no es del dominio exclusivo de los exploradores espirituales. Existen otros practicantes no espirituales que también han reconocido los beneficios que se obtienen de bajar el volumen del ruido de la mente Así, por ejemplo, Betty Edwards, autora de Drawing on the Right Side of The Mind ha encontrado que quienes se encontraban en dicho estado eran capaces de dibujar mucho mejor de lo que ellas mismas creían. Tim Gallway, autor de The Inner Game of Tennis, ha despertado el interés con una amplia variedad de libros que describen cómo los atletas pueden mejorar su rendimiento de manera significativa cuando se encuentran en ese estado. Elmer Green, quien desarrolló el biofeedback, ha observado que cuando las personas lograban alcanzar estados en que aparecían ondas cerebrales theta- un estado de profunda relajación y lleno de imaginería- eran capaces de ejercer un control significativo sobre aquellos procesos fisiológicos considerados como no susceptibles de ser controlados. Este descubrimiento indujo a Eugene Peniston a entrenar a alcohólicos crónicos para que pudieran alcanzar dichos estados theta. Al observarse que dichas personas dejaban de beber, ello abrió las puertas para que el entrenamiento en biofeedback se empleara en una amplia gama de otros trastornos. Este estado, llamado "flujo" por el investigador Mihalyi Csikszentmihalyi, sería, según él, propio de aquellas experiencias de todo tipo que tendrían las personas creativas y de alto rendimiento.

Parecía ser entonces que este estado consciente del Self no sería solamente un lugar apacible desde donde mirar el mundo ni tampoco un estado en el que uno pudiera trascender a él; el Self tiene, además, cualidades curativas, creativas y de refuerzo del rendimiento. Una vez que mis clientes habían entrado en este estado del Self, no se convertían en meros testigos pasivos de sus partes sino que comenzaban a interactuar con ellas de maneras que eran creativas y curadoras. Diane y los otros clientes comenzaron a relacionarse con sus partes de una forma que parecía que éstas necesitaran. Estos clientes comenzaron a sacar a la luz la compasión, lucidez y sabiduría que estaba surgiendo de dentro de ellos para así poder conocer y cuidar de estas personalidades internas. Partes, como la parte pesimista de Diane, necesitaban que ella les dijera que si bien, en algún momento de su vida, pudiera haberse sentido herida, optando por retirarse, ya no era necesario que esa parte la protegiera de esa forma. Estas subpersonalidades, como lo era la parte pesimista, se parecían a las víctimas de traumas internos, estancadas en el pasado, con sus mentes paralizadas en un momento de gran perturbación. Había otras que necesitaban ser apoyadas, consoladas, amadas o, simplemente ser escuchadas. Estamos tan acostumbrados a luchar y a querer librarnos de partes como estas que ni siquiera sabemos cómo son realmente.

Lo más sorprendente de todo era que, una vez alcanzado ese estado del Self, los clientes parecían saber qué hacer o qué decir a cada una de las personalidades internas. Con el tiempo me fue quedando claro que no era necesario que yo les enseñara a que se relacionaran de una forma diferente con esos pensamientos y emociones que ellos llamaban partes; o bien comenzaban ellos de manera automática a hacer lo que la parte necesitaba o, sino, le planteaban preguntas a la parte que permitieran encontrar formas de ayudarla. Mi trabajo consistía principalmente en ayudar a los clientes a permanecer en el estado del Self para luego, en la medida en que ellos se convertían en terapeutas de sus propias familias internas, quitarme retirarme, dejarles paso.

La persona liderada por el Self

Observaba, además, que cuando los clientes accedían a su Self, ellos comenzaban a relacionarse de manera diferente no sólo con sus partes sino que, también, con las personas de su entorno. Parecía ser que, antes de que comenzaran a trabajar con IFS, la mayoría de los clientes tenían partes que no se fiaban del liderazgo que su Self pudiera ejercer en el mundo exterior. Al creer que tenían que proteger el sistema, estas partes saltaban para afrontar diversos tipos de experiencias externas. Eran como niños "paternizados" (comportamientos como padres por no confiar en las capacidades de los progenitores) y, en consecuencia, no pudieran asumir valientemente las responsabilidades por el bienestar de la familia que estuvieran más allá de sus capacidades.

En la medida que esta situación iba cambiando en cuanto que esas partes protectoras comenzaban a confiar en el Self para que las guiara en el mundo externo, las relaciones que mis clientes tenían comenzaron a ser más armónicas o bien, éstos lograban reunir el valor suficiente como para poner fin a aquellas relaciones en las que había una explotación. Se volvieron así menos reactivos frente a las crisis o menos abrumados por los episodios emocionales que lo que solían serlo en el pasado. Ellos referirían que, durante tales episodios, lograban comprender que era solamente una de sus partes, y no toda ella (o él), la que estaba enfadada de modo que, en vez de amalgamarse, mezclarse con ella, reconocían dicha situación e intentaban consolarla. No siempre lograban tranquilizarla; sin embargo, el tener la conciencia de que no eran esa parte, esto les ayudó a permanecer centrados. Podían esperar así a que pasara la tormenta, seguros de que su Self volvería a aparecer- que el sol volvería a brillar.

Una vez que uno logra conocer su propio Self, podrá percibir cuándo exista un cierto grado de Self en otras personas, y cuándo no. Una persona liderada por el Self resulta fácil de identificar. Parafraseando una broma, uno tiene la impresión de que "las luces están encendidas y hay alguien en casa". Otros describen a tal persona como una persona abierta, segura, que acepta las situaciones, en definitiva, que tiene presencia. Uno se siente inmediatamente a gusto con una persona liderada por el Self, percibiendo que puede relajarse y liberar su propio Self. Con tales personas, uno haría observaciones tales como "Me agrada porque con ella no tengo que aparentar – con ella puedo ser yo mismo". Uno sabe que está en presencia de una persona auténtica, sólida, sin pretensiones, por su mirada, su voz, su lenguaje corporal y su energía. De estas personas lideradas por el Self nos atrae su ausencia de agenda fija, o necesidad de promocionarse a sí misma como también su pasión por la vida y su compromiso con el servicio a los demás. Una persona así no necesita verse forzada por reglas legales o morales para hacer lo correcto. Él o ella son de naturaleza compasiva y, al ser consciente de que todos estamos conectados, se encuentra motivada para intentar, de algún modo, mejorar la condición humana.

Cada vez que comienzo a describir las cualidades que posee una persona liderada por el Self, se desencadenan en mí partes que se sienten insuficientes. Si bien hay veces en que logro incorporar alguna de estas cualidades, es mucho más frecuente que me encuentre muy lejos de ser tal persona. Creo que uno de los errores que han cometido algunas de las religiones organizadas ha sido el de presentar la imagen de una persona santa como un modelo a imitar por sus seguidores sin que, para tal propósito, se les proporcionara otro consejo práctico más que la voluntad o la oración. Con ello, se obtenía como resultado que las personas se sintieran inferiores de manera crónica y se enfadaran con aquellas emociones y pensamientos que no eran tan evolucionados.

Para evitar tal escollo es necesario recordar que son pocas las personas que de manera continua y completa estén lideradas por el Self. En el duro camino de la vida, todos, en mayor o menor grado, hemos sido rechazados, humillados, abandonados o traumatizados. Todos tenemos nuestras posos de dolor y de vergüenza y hemos desarrollado nuestras estrategias protectoras que se han visto reforzadas por nuestra cultura. Hemos llegado a desconfiar de nuestro Self y a ponernos diversas máscaras. Nuestro liderazgo del Self será, en el mejor de los casos, fugaz hasta que no logremos vaciar o posos de y nuestros protectores puedan relajarse. Nos movemos hacia el liderazgo del Self de manera gradual, reuniendo lentamente momentos de ese fluir interno y externo, encontrando gradualmente que, al mantener nuestro corazón abierto en presencia de la ira, no desapareceremos, o que el cielo no se nos caerá encima si hacemos una pausa en nuestro constante estar preocupados a la vez que vamos descubriendo que podemos consolar a los niños interiores heridos en vez de dejarnos abrumar por ellos, o de exiliarlos. Margery Williams Bianco (1999) con su libro para niños The Velveteen Rabbitt, nos sirve de ayuda en la perspectiva de largo plazo:

> "¿Qué es lo REAL?" preguntó un día el conejo..." ¿Todo sucede de una sola vez, o va pieza a pieza?"
>
> "Todo no ocurre a la vez", dijo Caballo de piel. "Te vas convirtiendo. Se tarda mucho tiempo en ello. Por eso no es frecuente que esto se produzca en las personas que se rompen fácilmente, que tienen aristas

cortantes o que deben ser tratadas con mucho cuidado. Generalmente, para cuando hayas logrado ser REAL, la mayor parte de tu pelo se habrá ido, tus ojos estarán agotados, tus articulaciones flojas y deterioradas. Pero todas estas cosas no importan en absoluto ya que, una vez que logras ser REAL, no puedes ser fea salvo, claro, para aquellos que no lo comprenden"

El modelo IFS presenta un camino para lograr ser más real –un camino hacia un mayor liderazgo del Self. Le enseñará a no romperse tan fácilmente, suavizar sus asperezas y a no administrarse a sí mismo con tanto cuidado. No siempre será un camino fácil o rápido; sin embargo, la mayoría de las personas comienzan a sentirse mucho mejor mucho antes de comenzar a perder el pelo o a tener los ojos cansados. Y también es cierto que, una vez que esté dirigido por el Self, su aspecto será mucho menos importante y usted sabrá que no puede ser feo.

Y, sin embargo, son pocas las personas que acuden a mí para lograr un mayor liderazgo del Self. Acuden, más bien, porque se sienten oprimidas por las personas o por las situaciones, o bien, por sus emociones, pensamientos o síntomas experimentados. Según van accediendo al Self para desenredar las relaciones enredadas que se han originado por estas opresiones, irán descubriendo que no sólo los problemas por los cuales habían acudido a terapia irán mejorando sino que, además, su perspectiva y funcionamiento generales también lo harán. Tendrán así, más Self en sus vidas.

Cualidades del Self

Continuemos examinando las cualidades del Self. Como comentábamos anteriormente, entre las religiones esotéricas del mundo existe un consenso de que tal estado existe en nosotros.

En la mayoría de los mensajes de estas tradiciones se sugiere, sin embargo, que el lenguaje no logra captar del todo este concepto del Self. Es posible que sea así; sin embargo, si consideramos que las diferentes personas que se encuentran en tal estado describen experiencias similares y exhiben cualidades parecidas, entonces podremos describir aspectos de tales experiencias y cualidades. Considero que, para aclarar este debate, resulta útil establecer diferencias entre lo que las personas refieren mientras están meditando, es decir, mientras están siendo absorbidas por el océano, y lo que estas personas son cuando es su Self el que está liderando activamente su vida cotidiana, es decir, cuando son una ola individual en el océano.

Es precisamente este estado oceánico el que parece ser difícil de describir. Las personas refieren sentir como si no tuvieran límites, como si fueran uno con el Universo y perdieran su identidad como un ser distinto. Esto se acompaña de una sensación de amplitud de la mente y del cuerpo capaz de proporcionar una sensación de gran satisfacción como de momentos de dicha. Las personas sienten a menudo como si una energía pulsátil o un calor recorrieran su cuerpo a la vez que perciben como si hubiera un halo de luz alrededor o dentro de él. Según vayan profundizando en esta práctica meditativa, irán pasando por diferentes niveles y etapas, las cuales ya han sido exploradas y trazado el mapa por las diferentes tradiciones esotéricas. La obra de Ken Wilber proporciona un buen resumen de cuáles son estas etapas ascendentes que se producen en la conciencia. Mi propósito no es tanto familiarizarles con estos reinos etéreos sino, más bien, ayudarles a que puedan integrar parte de esta conciencia, amplitud y energía en sus labores diarias y en sus relaciones. ¿Qué cualidades son las que refieren y manifiestan las personas cuando, presentes en el mundo, mantienen en mente el recuerdo de quienes son en realidad? ¿Cuáles son las características del liderazgo del Self?

No sé cuál es la respuesta completa a esta pregunta. Sin embargo, tras veinte años ayudando a las personas para que lograran un mayor liderazgo del Self, sí puedo describir lo que va aflorando en mis clientes a medida que van incorporando, encarnando en sí el Self. Mientras seleccionaba adjetivos que pudieran recoger mis observaciones, fueron surgiendo de manera repetida palabras que comenzaban por la letra C. Viajaremos ahora por las ocho letras C del liderazgo del Self.

Calma

El liderazgo del Self se acompaña de una sensación dominante de una calma fisiológica y mental. Muchas personas, especialmente aquellas que han experimentado traumas, perciben una tensión constante en su cuerpo como si se tratara de un muelle fuertemente enrollado dentro de sí que les convierte en hipervigilantes y agitados. Si usted es como una de esas personas, tal estado de activación física le hará reaccionar de manera desmedida frente a otras personas a la vez que evitará que usted pueda relajarse realmente. Su mente será un reflejo de dicho estado de activación aumentado con pensamientos e impulsos saltando de un sitio a otro como, siguiendo una metáfora budista, un mono hiperactivo o borracho.

Según vaya incorporando, encarnando el Self en sí mismo, se verá liberado de tener que encontrar menos actividad en su cuerpo y en su mente. Como resultado de ello, frente a desencadenantes que usted encuentre en su ambiente, reaccionará de maneras menos automáticas y extremas. Al confiar en su Self para afrontar el mundo, los monos en su mente se tranquilizarán, disfrutando con la reducción de preocupaciones y de responsabilidades que se produce. Frente a la cólera, usted no se verá desbordado por los impulsos comunes de lucha, huída o bloqueo de respuesta sino que será, en cambio, capaz de conservar su ecuanimidad. Son muchas las personas que dan la apariencia de tranquilidad pero, por dentro, tienen una actividad frenética. A muchos de nosotros se nos ha entrenado para que ocultáramos nuestras aflicciones tras una máscara tranquila y reflexiva; sin embargo, eso significa estar bloqueado, no tranquilo.

Con ello no queremos decir que las personas lideradas por el Self se muevan en un estado de desapego sereno como Buda. Al igual que los demás, ellas también se montan en la montaña rusa de la vida. Pero sólo se trata de que, en su caso, el paseo en ella que solía producir la sensación de un puño cerrado, se convierte más a menudo en algo interesante y algunas veces, en algo doloroso o en algo alegre. Mientras que antiguamente se veían poseídas totalmente por las emociones o, sino, aisladas de ellas, experimentarán ahora olas de sentimientos,aunque también conservarán un centro de calma-el centro del ciclón, lo que yo llamo el "Yo" en la tormenta.

Claridad

El concepto de claridad lo defino como la capacidad de percibir las situaciones de modo que estas no se vean distorsionadas por creencias o por emociones extremas que, dicho con otras palabras, sería como mirar a través de los ojos del Self. Al haber trabajado ampliamente con personas con trastornos alimentarios, he tenido la oportunidad de ver cuán poderosamente pueden algunas partes nuestras afectar a nuestras percepciones. Cuando una cliente afectada por anorexia, delgada en extremo, se mira al espejo, se ve a sí misma como una persona obesa. Y, sin embargo, este es sólo un ejemplo extremo del tipo de distorsiones que realizamos todo el tiempo. Recuerde, por ejemplo, cuando usted se encaprichó con alguien. Probablemente ignorara las evidentes banderas rojas. Luego, cuando dicha persona le hirió de alguna forma, es posible que sólo viera sus defectos y se preguntara qué es lo que había visto en él/ella. La siguiente historia tradicional refleja muy bien este punto:

> Un hombre que había perdido su hacha sospechaba del hijo de su vecino. El niño caminaba como un ladrón, miraba como un ladrón y hablaba como un ladrón. Al poco tiempo, mientras cavaba en el valle, encontró el hombre su hacha. La siguiente vez que vio al hijo de su vecino, éste caminaba, hablaba, tenía el aspecto de cualquier otro niño.

Dicho en otras palabras, en raras ocasiones tenemos una mirada clara y abierta de las personas y situaciones ya que, basándonos en experiencias previas y en nuestros deseos actuales, tendemos a llegar rápida y automáticamente a conclusiones. Como reza la expresión "Para un hombre con un martillo, todo le parece un clavo". Yo tenía un cliente, Bill, que estaba desesperado por las ganas de casarse. Había en él una parte que evaluaba de manera inmediata a toda mujer que conocía como una potencial compañera o no. Él pensaba, además, que ya a una edad temprana, se había sentido rechazado por su madre de modo que había una parte protectora en él que tanteaba a cada potencial pareja para ver si ella era como mamá (es decir, peligrosa) o no. Para complicar aún más las cosas, él nunca había perdido la esperanza de que su madre alguna vez pudiera aceptarle de modo que en él había otra parte que deseaba que su potencial pareja fuera como mamá y que no le permitiría que se sintiera atraído por otras que no lo fueran. Toda mujer que él conocía, caía involuntariamente en el área de acción de su sistema de radar y las categorizaciones conflictivas que lo formaban, quedando las cualidades de éstas, en consecuencia, distorsionadas o, sino, ignoradas. Las mujeres con las cuales había tenido citas se quejaban de recibir mensajes contradictorios y afirmaban que él, en realidad, no las conocía. Y tenían razón.

Para que Bill pudiera realmente conocer a cualquiera de estas mujeres era necesario que dichas partes y sus proyecciones se hicieran a un lado y dejaran que fuera el Self quien tuviera la experiencia con ellas. Cuando esto es posible, tendremos aquello que los budistas llaman la "mente del principiante", perspectiva en la que, al existir una ausencia de ideas preconcebidas y de proyecciones, las posibilidades son múltiples. La mente del experto, en cambio, está saturada de creencias que limitan la percepción y las posibilidades. Nuestras partes piensan a menudo que son expertos en el mundo. El Self tendrá siempre una mente de principiante.

Curiosidad

La mente del principiante, además de contener muchas posibilidades, está plena de asombro por el mundo. Si no prejuzgamos las cosas, seremos eternamente curiosos. Al igual que un niño inquisitivo, estaremos llenos de interés por las personas y por sus reacciones. Si alguien está enfadado con nosotros y la visión que tenemos de él no se ha visto perturbada por los sentimientos que se han asociado a otras personas que, en el pasado, han estado enfadadas con nosotros, tendremos entonces curiosidad por conocer la causa del enfado. Cuando les preguntemos por el motivo de su enfado, ellos no percibirán ni temor ni juicio en nuestra pregunta-sólo un interés inocente.

Este tipo de curiosidad se encuentra en el núcleo del enfoque del IFS. Esta es la forma en que el Self se relaciona no sólo con las personas sino que también con las propias voces internas. Cuando estamos en condiciones de interesarnos incluso por los propios y más despreciables demonios internos (como el desprecio, el racismo o el odio hacia sí mismo) sin hacer juicios de valor, encontraremos que estos diálogos internos resultarán esclarecedores y ayudarán a la transformación. Los budistas llaman Mindfulness (mente conciente) a este tipo de curiosidad no empeñada en nada, abierta, interesada por los pensamientos y emociones internas. Muchas de sus prácticas están orientadas a ayudar a las personas a ser más conscientes de sí mismos.

Este tipo de curiosidad pura y cándida puede dejarnos sin réplica, desarmados. Tanto las personas como nuestras propias partes perciben que ya no es necesario protegerse ya que se dan cuenta de que lo único que perseguimos es tratar de comprenderlas. Como generalmente lo único que desean es ser comprendidas, ya no tienen motivos para seguir furiosas o permanecer a la defensiva. Se sienten, por el contrario, a menudo felices de poder contar su historia y ser escuchadas por personas que no intentarán cambiarlas. Es precisamente eso lo que en este libro entendemos por Ser Testigos – plantear preguntas a la persona o a la parte en cuestión con una curiosidad auténtica que nos permita lograr la siguiente cualidad a la que aspiramos: la compasión.

Compasión

Cuando nuestra visión de las personas no se ve distorsionada por partes nuestras que pudieran temerlas o necesitarlas, uno no se verá tan afectado por las maneras que estas emplean para protegerse a sí mismas. Su curiosidad podrá entonces guiarle a ver más allá de su ira o distanciamiento y saber algo más de la herida que ellas protegen.

Para aclarar este concepto, compararemos la compasión con la lástima y la empatía. En la lástima, uno ve a alguien sufrir y siente pena por él o ella y, sin embargo, al mismo tiempo, hay una parte suya que se alegra de que no sea uno esa persona que está sufriendo. Su mente estará ocupada pensando en las razones por las cuales uno nunca habría cometido los errores que él o ella habrían cometido para experimentar tal sufrimiento. La lástima conlleva un distanciamiento protector y un cierto grado de condescendencia. La pena que usted pueda sentir por la persona sufriente se origina a partir de una posición de separatividad.

Cuando usted siente empatía, usted ve a una persona sufrir y, como usted tiene un cierto grado de conciencia de sí mismo, sabe que hay una parte de sí mismo que sufre de la misma manera de modo que usted se identifica con el dolor de dicha persona. En cierta forma, esa persona es igual que usted. Con la empatía se abre su corazón y se produce un fuerte deseo de poder ayudarla. Sin embargo, el peligro de la empatía radica en que, si usted se identifica demasiado con la otra persona, sentirá una gran presión por aliviar la miseria del otro. Usted no puede tolerar su propio dolor de modo que tampoco puede soportar que el otro siga sufriendo más tiempo. La otra consecuencia común de tener demasiada empatía es el distanciamiento de la otra persona ya que su dolor le hiere a usted mucho.

Cuando usted siente compasión, usted ve a la otra persona sufrir, siente empatía por él o por ella, pero sabe que la otra persona posee un Self que, una vez liberado, podrá aliviarla de su sufrimiento. Si las personas son capaces de aliviar su propio sufrimiento, aprenderán a confiar en su propio Self y podrán aprender las lecciones que el sufrimiento pueda enseñarles. La compasión nos conducirá entonces, a hacer todo lo posible por fomentar en la otra persona la liberación de su Self más que en convertirnos en su sanador. Con la compasión podrá usted estar presente de corazón con el sufriente sin tener que sentir la necesidad de cambiarle o de distanciarse de él. Este tipo de presencia del Self contribuirá a menudo a que la otra persona libere su propio Self. (Existen, por supuesto, situaciones en las que el Self de la otra persona no puede ser liberado ya que ésta se encuentra abrumada por el dolor físico o por la enfermedad. En tales situaciones, lo que procede desde el punto de vista de la compasión, es tratar tales estados a la vez que conservar el propósito de que el alivio conducirá a un mayor liderazgo del Self).

Además, en la medida en que vaya siendo el Self quien de manera creciente, le vaya dirigiendo -cada vez más consciente no sólo de las olas sino que, también, del océano-, el sentido de separación de los demás se irá haciendo menor. El deseo de ayudar a quienes sufren, como también a aquellos que crean el sufrimiento, surge de manera espontánea a partir de esa creciente percepción de la existencia de una interconexión entre todos. Éste se origina a partir de una comprensión intuitiva de que el sufrimiento de los demás nos afecta a nosotros también ya que, en cierto modo, el otro es uno mismo. (Para la mayoría de las personas, esto no es un pensamiento consciente – ellos simplemente se ven arrastrados a "hacer algo" con sus vidas). El poema del monje budista Thich Nhat Hanh (1992), que aparece a continuación, recoge el concepto de compasión que surge a partir de la existencia de una conciencia de interconexión:

> Yo soy el niño en Uganda, todo piel, todo huesos, mis piernas, delgadas como cañas de bambú, y soy el traficante de armas que vende armas mortales a Uganda. Yo soy la niña de 12 años, refugiada en un bote pequeño que se arroja al mar tras ser violada por un pirata de mar, y yo soy el pirata de mar, y mi corazón no es capaz de ver ni de amar...: Por favor, llamadnos por nuestros auténticos nombres de modo que yo pueda despertar y la puerta de mi corazón pueda permanecer abierta, la puerta de la compasión (págs. 123-124).

Confianza

Una razón por la cual las personas lideradas por el Self permanecen tranquilas y serenas ante la ira radica en el hecho de que ellas confían en que, independientemente de lo que la persona ofendida reclame que haya sucedido, ello no significa que sean malas o que se van a sentir permanentemente heridas. Nos ponemos a la defensiva, no porque alguien nos ataque, sino más bien, porque tememos que el ataque pudiera activar a nuestros críticos internos lo que, a su vez, daría lugar a que se despertara la sensación de inutilidad y terror que hemos ido acumulando desde la infancia. Todo desaire que recibimos en el presente activa una caja de resonancia interior donde se oyen todas las heridas similares sufridas en el pasado que hemos ido acumulando. No son los sucesos actuales los que tememos, sino que son las interminables reverberaciones que tenemos que soportar las que nos asustan. Tememos todo aquel incidente que pudiera recordarnos los peores miedos que tenemos sobre nosotros mismos.

En la medida en que las personas vayan sanando sus partes vulnerables, sus críticos irán relajándose y reduciendo las defensas. Ellas, las partes, tendrán más confianza en el Self en cuanto que éste ha sido capaz de sanar a las partes y demostrado tener la habilidad necesaria para protegerlas o, sino, consolarlas cuando fueran nuevamente heridas. Si tal es el caso, uno se volverá menos susceptible frente a las antiguas provocaciones ya que tales situaciones no activarán su caja de resonancia interna de las heridas del pasado. Así, aunque la situación actual pudiera de hecho involucrar peligro o dolor, usted podrá reaccionar frente a ésta con la confianza de que puede manejar la situación o de reparar lo que hubiera sucedido. Sin reacciones excesivas, usted podrá emprender los pasos necesarios para protegerse a sí mismo y, si las interacciones hubieran resultado dañinas para usted, podrá posteriormente cuidar de aquellas partes que hubieran resultado heridas.

Esto es justamente lo contrario a la tendencia socializada que tenemos de encerrar a nuestras partes heridas en un intento de "dejarlo pasar, no mirar atrás y simplemente seguir avanzando". Como consecuencia de tal postura, junto con acumular cargas crecientes de dolor, estaríamos abandonando y aislando partes infantiles, nuestras heridas que necesitan ser cuidadas. Esta estrategia conducirá a una confianza cada vez menor en el Self, una mayor vulnerabilidad frente a los golpes y dardos que existen a nuestro alrededor y, por ende, a una mayor necesidad de protección de nosotros mismos y sensación de que somos individuos diferentes, aislados y solitarios.

En relación con el Self tiene la confianza, además, otro significado. La idea de que no somos solamente olas aisladas sino que formamos parte del océano conlleva lo que podríamos llamar un sentido de la gracia. La gracia resulta difícil de definir y, en el cristianismo, ésta ha sido percibida tradicionalmente como un don o una bendición de Dios. En este libro la asociamos con la confianza de que, como lo describe un cliente, "Soy amado y soy amor. Independientemente de lo mal que pudiera parecer que están sucediendo las cosas, todo está bien y todo funcionará del modo debido". Con esta confianza en la bondad esencial de la vida se produce una apertura hacia la belleza del mundo y un deseo de experimentarla a cada momento. Si uno carece de tal confianza, resultará difícil permanecer en el presente el tiempo suficiente como para poder experimentarla por cuanto uno estará consumido por los planes de futuro a elaborar para la supervivencia o por la gratificación.

Las personas que tienen este tipo de confianza suelen ser carismáticas (otra palabra que comienzan con "c"), aunque no en el sentido de ser llamativos, listos o poderosos sino, más bien, en el sentido que originalmente le otorgaban los griegos de "estar dotados del don de la gracia". Las personas guiadas por el Self poseen el carisma de la autenticidad.

Coraje

Clarence Darrow dijo una vez, "La cosa más humana que podemos hacer es consolar al afligido y afligir lo confortable". El Self tiene el coraje para hacer ambas cosas.

Uno podría pensar que el sentido de la gracia de que "todo está bien" que tiene el Self podría conducir a una pasividad distanciada y a una aceptación de las injusticias de la vida; sin embargo, tal no es el caso en la naturaleza del Self. Es la claridad propia del Self la que dificulta que las personas puedan negar las injusticias o ignorar el sufrimiento. La compasión del Self es la que hace que las personas se opongan a las tiranías y luchen por los oprimidos. Las palabras del Self dan esperanza a los desesperados. La energía del Self se infiltra en las grietas de las murallas del tirano, erosionándolas.

Por ello, los opresores estarán dispuestos a atacar a las personas cada vez que vean algún signo de liderazgo del Self en ellas. Los abusadores saben que esta es la forma de controlar a las personas; prácticamente todos los clientes míos que han sufrido abusos sexuales graves refieren que, en la medida en que actuaban de manera animada, espontánea o independiente, eran castigados, bien sea verbal o, sino, físicamente. De esta forma comenzaron entonces a sentir miedo del Self y a mantenerlo alejado de sus cuerpos.

Por ello, la confianza y la gracia, antes que volver a las personas pasivas, tiene el efecto opuesto. El coraje se volverá más accesible para nosotros si dejamos de temer el ataque porque ya no nos sentimos tan vulnerables y si confiamos que sabremos gestionar sus consecuencias. Si sabemos que cada uno de nosotros es una ola dentro de un mismo océano, nos enfrentaremos a la justicia sin juzgar. Es importante recordar que si bien, hasta ahora injusticia, hemos hecho hincapié en el lado compasivo y de cuidados del Self, la energía de éste puede ser fuerte y protectora. Las artes marciales cultivan este lado protector del Self.

Podemos ser fuertes sin tener que juzgar ya que, al margen de cómo se comporte el opresor, él o ella posee un Self, y el objetivo nuestro es descubrirlo y no lastrar aún más a el/la opresora con nuestros juicios. Como lo expresó Martin Luther King ,hijo: “Es necesario que nos demos cuenta de que el acto malvado de nuestro vecino enemigo, la cosa que hace daño, no expresa nunca todo lo que él es realmente. Incluso en el peor de nuestros enemigos podríamos encontrar algún elemento de bondad". En otra parte escribe:

> [La no violencia] no busca derrotar o humillar al oponente, sino lograr su amistad y comprensión... no es sólo la violencia física externa lo que evita sino que también la violencia interna del espíritu. El resistente no violento no solamente se niega a disparar contra su oponente, sino que también se niega a odiarle. En el centro de la no-violencia se encuentra el principio del amor... si frente al odio, respondiera con un odio recíproco, lo único que obtendría sería aumentar la fisura existente en una comunidad rota. Sólo puedo cerrar la brecha existente en la comunidad rota uniendo el odio con el amor. (King, 1994, págs. 211-214).

En el coraje no se trata solamente de ser una voz para los desfavorecidos. A menudo se necesita de más valor para reconocer el daño que se ha hecho a otros e intentar enmendarlos. La claridad nos ayuda a entender lo que hemos hecho y, si tenemos confianza, también nos ayudará a entender que los errores cometidos no significan necesariamente que seamos malas personas. Tendremos el coraje para escuchar con curiosidad la historia de la otra persona, para disculparnos sinceramente y preguntar de qué manera podemos reparar el daño hecho. La persona liderada por el Self no sólo tiene el coraje para actuar sino que también lo tiene para ser responsable de sus acciones.

En la medida que vaya surgiendo el Self en el cliente, se irá evidenciando en él o en ella otro de los aspectos del coraje -la voluntad de avanzar hacia el propio dolor o vergüenza. Los viajes interiores que realizan los clientes implican a menudo entrar en las zonas más temidas de su propia psique. Allí acabarán presenciando aquellos sucesos de su pasado cuyos efectos ellos han tratado, bien sea de minimizar o, sino, de olvidar completamente. El ser testigo de dichos sucesos, por su parte, conducirá con frecuencia a tener una visión más clara de cuáles son las relaciones claves en el mundo externo y a tomar la determinación de cambiar dichas relaciones. Estos cambios podrán en ocasiones suponer riesgos económicos y emocionales. Se necesita coraje para mirar y coraje para actuar frente a lo que vemos.

Creatividad

Son muchos los científicos, inventores y artistas que han comentado que sus inspiraciones brotaron súbitamente y que éstas se habrían formado más bien a partir de su intuición inconsciente que como producto de la acción de su mente racional. Los investigadores que intentan incrementar la creatividad en las personas emplean técnicas tales como el biofeedback, orientadas a reducir el ruido interno de la mente y a acceder a estados más profundos de la conciencia (Tony Schwartz, 1995). La escritora Anne Lamott (1994) escribe: "Uno recupera la intuición cuando uno le crea un espacio para ella, cuando uno frena el parloteo de la mente racional. La mente racional no nos nutre. Uno parte del supuesto de que ella nos proporcionará la verdad porque nuestra cultura ha venerado a la mente racional como si fuera el becerro de oro, sin embargo, eso no es cierto. La racionalidad exprime lo que es rico, jugoso y fascinante" (pág. 112). La experiencia que he tenido con mis clientes me confirma lo anterior. Según iba disminuyendo su ruido interior y surgiendo su Self, ellos comenzaron a acceder a un tipo de sabiduría creativa. Comienzan así, a hallar la solución a conflictos prolongados, recurriendo muchas veces al pensamiento lateral, "fuera de la caja", pensamiento que no era posible cuando estaban dominados por aquellas partes, llenas de reglas sobre sus vidas y relaciones. Pareciera ser como si el Self estuviera dotado de una sabiduría innata que le permitiera crear una armonía en las relaciones, bien sea con las demás personas o con sus propias partes. El Self sabe de manera automática como cuidar de otros y posee la claridad, compasión y coraje para hacerlo.

Según vayan liberándose de la garra de sus críticos internos y de sus preocupaciones relacionadas con la aprobación por los demás, irán sintiendo, además, un deseo y capacidad creciente de entrar en lo que se ha llamado "estado de flujo", estado en el que la expresión creativa fluye espontáneamente fuera de ellas, estando sumidas en el placer de la actividad (Csikszentmihalyi, 1990). Las personas comienzan a sentir que están aquí para realizar algún tipo de contribución y experimentarán un gran alivio al moverse en este sentido.

Sin embargo, volviendo a un tema de este libro, en raras ocasiones suele bastar sencillamente con tranquilizar la mente. Para permitir que exista una expresión del Self real es necesario disponer del coraje necesario que permita liberar todas las partes creativas que se encuentran encerradas en contenedores internos. Anne Lamott (1994) lo sabe:

> Pero no accederás a ninguna de esas verdades, sentado en el campo, sonriendo beatíficamente, evitando tu ira, tu daño, tu pesar. Tu ira, tu daño y tu pesar son el camino para llegar a la verdad. No tendremos muchas verdades que expresar si no nos decidimos a entrar en aquellas habitaciones y armarios, aquellos bosques y abismos en los que se nos había dicho que no entráramos. Una vez que hayamos entrado allí y mirado un largo rato lo que había allí, simplemente respirar y asumirlo-sólo entonces estaremos en condiciones de hablar con nuestra propia voz y permanecer en el momento presente. Y ese momento es como estar en el hogar (pág. 201).

Conectividad

Según vayamos progresivamente incorporando, encarnando el Self, iremos teniendo la sensación creciente de que estamos conectados con los Selfs de quienes se encuentran a nuestro alrededor. Como parece ser que formaría parte de la propia naturaleza del Self el querer reforzar dichas conexiones, tenderán las personas que perciben el Self de otros a pasar más tiempo con ellos. De igual forma, tenderán a abandonar a aquellas personas o actividades en las que les cueste más percibir tales conexiones.

Lo que Lamott comenta en la última línea del párrafo anterior "Y ese momento es como estar en el hogar" se aplica también cuando uno siente que está estableciendo una conexión de Self a Self con otra persona. Es como la sensación de apagar la sed de que finalmente se ha encontrado a alguien que sabe quién uno realmente es. Existe, además, el alivio de poder quitarnos las pesadas máscaras con las cuales queremos impresionar al otro u ocultarnos de él y obtener, a cambio, que brille la luz de nuestro Self. La escritora Joan Borysenko (1999) describe la experiencia que tuvo del encuentro de un Self con otro Self cuando conoció a un hombre que agonizaba de SIDA. Tras una divagadora conversación,

> Sam me miró a los ojos y dijo: "Nunca había sentido tanta paz, nunca me había sentido tan seguro". Yo, aunque llorosa, me siento también segura en esta percepción ampliada del Self. Sam me cogió de la mano, y dijo algo respecto de lo mucho que deben quererme mis hijos y de la suerte que tienen. Ahora que sé que él ha vislumbrado algo dentro de mí que, incluso para las personas que más amo, no es habitualmente accesible, tropiezo con mis palabras. Era nuestra relación la que había levantado el almud de la Luz. En ese momento, yo era mi Self solamente porque él era el suyo. El parloteo y las dudas y las rumiaciones del ego se habían marchado. Habíamos visto al dios el uno en el otro. A ninguno

> de los dos nos importaba nuestro aspecto o cuán sabias eran nuestras palabras. Ni siquiera nos importaba si el mundo se acabaría en ese momento ni cómo lo haría. Éramos un todo y la historia estaba contada. En ese inapreciable momento, nuestras vidas habían tenido un propósito y un significado (págs. 164–165)

Para la mayoría de nosotros, estos momentos sagrados, memorables son extremadamente raros. Sin embargo, en las personas dirigidas por el Self, tales conexiones no sólo son deseadas sino que, además, son más posibles. Esto se debe al hecho de que el Self de una persona actúa como un imán para el Self de otra persona. Tal vez la imagen de un diapasón sea una mejor metáfora. Cuando usted se encuentra en el estado del Self, las vibraciones producidas activarán el Self de otros. Cuando usted se encuentra en la presencia del Self de otra persona, usted observará que, en la medida que vaya percibiendo que no es juzgado ni controlado, sus defensas irán relajándose y su Self irá emergiendo de manera natural. Al no temer ser herido, las conexiones entre los Selfs serán más fáciles de establecer ya que usted tendrá plena confianza de poder reparar rápidamente toda herida procedente de los rechazos.

Junto con una mayor conectividad con otras personas y con las propias partes (conectividad horizontal), es probable que usted sienta que se encuentra más en conexión con la unicidad del universo o de la naturaleza. Considero que a medida que se van relajando las partes y liberando el Self, las personas comienzan a sentir que están más conectados verticalmente con el Espíritu y con la Tierra, siendo llevados a desempeñar actividades y a contactar con personas que abren aún más dichas puertas. Las palabras expresadas por el eminente neurocientífico Francisco Varela (citado por Jaworski, 1996, págs. 189-190) recogen este estado de conectividad:

> Cuando estamos en contacto con nuestra "naturaleza abierta", nuestro vacío, ejercemos una enorme atracción sobre otros seres humanos...Y, si los otros se encuentran en el mismo espacio o están entrando en él, se producirá una resonancia entre ellos y nosotros y las puertas se nos abrirán de manera inmediata... Este estado, en el que conectamos de manera profunda con otras personas y se abren las puertas, está ahí esperándonos. Es como una ilusión óptica. Todo lo que tenemos que hacer es entornar los ojos y ver que ha estado allí todo el tiempo, esperándonos. Todo lo que tenemos que hacer es observar nuestra unicidad.

Éstas son las palabras del liderazgo del Self que comienzan con C. Existen otras palabras con C como conciencia, contentamiento y constancia que, aunque consideré incluirlas, creo que ya han quedado recogidas en la lista anterior. Otras características importantes del Self, como son la alegría, el humor, el perdón y la gratitud no han quedado recogidas lo suficiente en la lista anterior

Existe otra larga lista de palabras con C (en el original en inglés) que describen a aquellas personas cuyo Self está sepultado bajo el ruido y la emoción. Algunas de ellas son: cerrado, confundido, obnubilado, atascado, congestionado, caótico, cobarde, cauteloso, dócil, complaciente, presuntuoso, autómata, crítico, actitud de confrontación, deseos incontrolados, cruel, cínico, desdeñoso, controlador, coercitivo, dominante, fanfarrón, confabulador, conquistador, astuto, listo y loco.

EJERCICIOS

Viendo desde el Self

Piense usted en una persona a la cual usted le ha cerrado su corazón. Él o ella le ha hecho daño en el pasado y usted ha decidido no volver a fiarse de esa persona. Tal vez tenga esa persona características que a usted le alteran mucho. Una vez que haya visualizado a dicha persona en su mente, imagine que ella está en una habitación y que usted está fuera de ella, observándola a través de una ventana. Observe lo que siente cuando mira a tal persona. Puede que se sienta furioso, distanciado, temeroso o crítico.

Desplace ahora su foco de atención hacia ese sentimiento y pídale que se aparte de usted durante unos breves momentos mientras usted permanece fuera de la habitación. Puede que le parezca extraño hablarle así a un sentimiento pero, en aras del ejercicio, continúe y vea qué es lo que siente. Si, tras pedirle a ese sentimiento que se aparte un momento de usted, percibe que la energía de ese sentimiento se retira, observe qué tipo de emociones o pensamientos surgen en usted hacia la persona que está en la habitación. En el caso de que la próxima emoción o pensamiento que surja no sea la de curiosidad, aceptación o compasión, es decir, que se trate de un sentimiento o de un pensamiento que no provenga de su Self, pídale igualmente que se separe. Si, mientras realiza este ejercicio, no percibe un descenso de emociones o pensamientos protectores, pregunte a las partes qué es lo que temen que pueda pasar si se apartasen. En ocasiones tienen las partes buenos motivos para no querer hacerse a un lado y dejarnos nuevamente vulnerables frente a dicha persona. Usted puede tranquilizarlas manifestándoles que no entrará en dicha habitación durante el ejercicio de imaginación y que tampoco correrá nuevos riesgos con dicha persona en la vida real. Usted sólo desea tener una idea de lo que sucedería si le dejaran estar presente, fuera de la habitación.

Si sus partes protectoras se han separado efectivamente, es posible que uno comience a experimentar cómo van apareciendo cualidades del propio Self. Puede que usted haya sentido súbitamente curiosidad por saber por qué motivo él o ella actuó del modo que lo hicieron o que usted hubiera estado en condiciones de ver la situación desde la perspectiva de la otra persona y haber podido así, comprender su comportamiento. Es probable que usted siga prefiriendo no acercarse a esa persona, aunque siente que ya no tiene tanta necesidad de cambiarla. Observe si la imagen que tiene de esa persona ha cambiado en algo resultando, tal vez, menos repulsiva o amenazadora.

Si usted se muestra escéptico en cuanto a realizar este ejercicio porque considera que la lectura de este capítulo le hubiera inducido a reaccionar de esta manera, inténtelo con otra persona que usted conozca bien y que no sepa nada al respecto.

El propósito evidente de este ejercicio es el de que adquiera la idea de que, en sí, existe en usted una esencia compasiva, segura, que puede surgir de manera espontánea, incluso aunque se encuentre frente a alguien a quien ha apartado de su corazón. Sirve, además, como valiosa introducción a la posibilidad de que usted pueda hablar con sus emociones y pensamientos y, si usted es respetuoso con ellos y aborda sus temores, ellos estarán cada vez más en mejores condiciones de respetar sus solicitudes. En otras palabras, el ejercicio le ayudaría a usted a acceder a una nueva manera de relacionarse consigo mismo.

****

El ejercicio del sendero
(Tal vez querría usted que alguien le leyera el ejercicio)

Colóquese en una posición relajada y respire profundo varias veces. Imagine que se encuentra en el comienzo de un sendero, que puede ser uno conocido o bien, uno en el que nunca ha estado previamente. Antes de comenzar a caminar por el sendero, reúnase con sus emociones y pensamientos (sus partes) y pídales que se queden al comienzo de él y permitan así que usted pueda caminar solo por el sendero. Si las partes tienen miedo de dejarle ir solo, tranquilícelas diciéndoles que no tardará mucho y que la experiencia puede resultar beneficiosa, tanto para ellas como para usted. Cerciórese, además, que las partes temerosas puedan ser atendidas por las que no lo son. Si, a pesar de todo, sigue habiendo partes temerosas que no le dejan que se vaya, no se marche, y comente con ellas los temores que éstas tienen. ¿Qué es precisamente lo que ellas temen que suceda si le permiten a usted marcharse solo? Y, sin embargo, si percibe que sí le darán el permiso, siga adelante. Note si según camina, usted se observa a sí mismo mientras está en el sendero o si, más bien, caminando por el sendero, simplemente ve o percibe lo que hay a su alrededor. Si usted se está observando a sí mismo, eso indica que una de las partes está presente. Encuentre a la parte en cuestión que teme que usted siga caminando por el sendero y pídale que se relaje y que vuelva al punto de partida del sendero. Si se negara, emplee algún tiempo intentando conocer sus temores.

Según continúa usted caminando por el sendero, observe si está pensando en algo. Si tal es el caso, pídale a esos pensamientos que vuelvan a la base de modo que usted pueda ir progresivamente convirtiéndose en una conciencia plena. A medida que vaya avanzando por el sendero, compruebe periódicamente si está pensando en algo y si es así, proceda suavemente a remitir esos pensamientos a la base. Note lo que sucede en su cuerpo y en su mente cuando estos pensamientos le abandonan. Observe la sensación de amplitud que usted percibe alrededor suyo y la energía que fluye dentro de usted.

Cuando sienta que ya ha pasado el tiempo suficiente en el sendero, alejado de sus pensamientos, comience a volver a la cabecera o comienzo. Vea si logra conservar esa sensación de amplitud y esa energía que sentía, incluso cuando se esté aproximando a las partes. Cuando llegue a la cabecera, encuéntrese con sus partes y vea si han logrado arreglárselas sin usted y si necesitan algo de usted. Una vez concluido el proceso, si las partes le permitieron irse, agradézcales por ello. Si no lo hicieron, agradézcales por haberle hecho saber que ellas temían dejarle partir. Luego respire profundamente un par de veces y siga a su respiración en la vuelta al mundo exterior.

El ejercicio del sendero, al igual que el anterior ejercicio, tiene diversos propósitos. Uno de ellos es el de darle una pequeña idea de quién es usted realmente, es decir, de quién es realmente una vez que se ha separado de los pensamientos y emociones corrientes. Una vez que las personas logran apartar a sus partes, la mayoría de ellas suelen tener experiencias similares. Se sienten más ligeras, apacibles y radiantes, incluso alegres, y centradas en el presente. Hay personas que se dedican a la meditación para lograr este estado; el sendero es simplemente un recurso de la imaginación que ayuda a descender por debajo de la superficie de la conciencia ordinaria para acceder al estado oceánico del Self. En este ejercicio del sendero, a diferencia de otras técnicas de meditación, se llevan a cabo negociaciones con las partes de manera explícita. El empleo de mantras o la concentración sobre la propia respiración surten un efecto similar sobre las partes, aquietándolas e introduciéndolas en un estado de relajación; sin embargo, tal efecto se produce más rápidamente con este ejercicio de modo que uno tiene la oportunidad de conocer las necesidades que las partes en concreto tienen.

Cuando las personas realizan este ejercicio por primera vez, es frecuente que muchas de sus partes no las dejen marcharse. Si a usted le ha ocurrido algo parecido, no se preocupe; sólo significa que sus partes no se sentían seguras en dicho contexto y en dicho día concreto. Si sus partes no le han dejado irse, es probable que haya alcanzado otro de los objetivos prioritarios de este ejercicio: descubrir qué partes temen estar separadas de usted y saber qué es lo que ellas temen. Usted podrá, por tanto, a partir de este descubrimiento, saber qué partes claves precisan de su ayuda, pudiendo así trabajar con ellas de maneras que serán explicadas más adelante en este libro.

Personas que han practicado el ejercicio del sendero han notado que determinados pensamientos han persistido y han descubierto que se han identificado a tal punto con determinadas partes que han llegado a considerar que esas partes eran ellas mismas, es decir, que llegaron a confundir una o varias de sus partes con su propio Self. El descubrir lo que podríamos llamar como partes que imitan al Self (también conocidas como partes como el Self) puede resultar bastante desconcertante ya que su existencia supone un reto para nuestra propia identidad. Sin embargo, en última instancia, resulta siempre útil y liberador el identificar estas partes que son como el Self y librarlas de esas cargas de responsabilidad.

A este respecto, permítanme que comente que es más importante estar en el sendero que observándose a sí mismo en él. Si durante un ejercicio de imaginería, usted se observa estando en él, lo que usted está haciendo es experimentar una parte, no a su Self. Esto es así porque es su propio Self, el asiento final de la conciencia, quien observa de modo que, consecuentemente, usted no podría ver a su Self. Si usted pudiera, ¿quién, entonces, estaría siendo testigo de su Self? En varios de los ejercicios que aparecen a lo largo del libro, a usted se le invitará a entrar e interactuar con las partes. Cuando lo haga, cerciórese de que usted no se está observando a sí mismo sino que está realmente ahí.

Según vaya usted familiarizándose con el proceso de ayudar a las partes a que aprendan a confiar que es seguro permitir que usted se separe de ellas, puede que ya no sea necesario que recurra a una imagen como la del sendero, pudiendo emplear una imagen que considere mejor o, tal vez, sólo con percibir que existen tales partes, éstas se relajen y se aparten. Una de las formas de meditación budista guía a los participantes precisamente de esta manera- que simplemente observen cualquiera de los pensamientos o sentimientos que pudieran surgir mientras usted está sentado, con la mente centrada en su respiración.

En la medida en que las partes vayan confiando más en usted, observará cómo irá aumentando de manera significativa la capacidad que tiene de separarse de ellas y de entrar en el Self de modo que podrá ir viviendo partes cada vez mayores de su vida desde este estado. Lo que se tarde en ello dependerá más bien de las cargas que soportan sus partes (pensamientos y emociones extremas que el mundo exterior ha introducido en su sistema) que de la regularidad con que usted medite, aunque ello también podrá contribuir a ese respecto. Según iremos aprendiendo, es el proceso de alivio, de estas cargas lo que liberará a su Self.

Capítulo Tres

Partes

Padecemos de un caso de confusión de identidad. Nuestra cultura nos ha vendido una idea de lo que realmente seríamos. Sin embargo, por debajo de todo ese parloteo interno y de esas turbulencias emocionales, somos mucho más de lo que se nos ha inducido a pensar de nosotros mismos. Pero volvamos por un momento a ese parloteo y a las turbulencias emocionales. Usted simplemente no puede forzar al Self a que ejerza su liderazgo junto con sus partes. Se trata, más bien, de que las partes protectoras que rigen en su vida lleguen a considerar que es seguro permitir que sea el Self quien ejerza un mayor liderazgo. En este capítulo aprenderemos a conocer a las partes y sus comportamientos.

Volvamos a Diana y a otros de los clientes que tenía a comienzos de la década de los ′80`. Estos clientes, que describían sus emociones y pensamientos extremos empleando este lenguaje de las partes, parecían tener tribus completas de subpersonalidades beligerantes, autónomas. En aquella época, yo no tenía ninguna conciencia personal de que, dentro de mí, existiera algún rasgo de carácter que funcionara de manera independiente. Al igual que la mayoría de las personas, la cultura en la que había sido socializado me había enseñado a creer que la mente era una, y la mía estaba dominada por una parte intelectual que había logrado ocultar a las otras. Pensaba, además, que todas aquellas personas que tenían personalidades autónomas dentro de sí, debían de estar enajenadas. Llegué, incluso, a pensar que estos clientes tenían trastorno de personalidad múltiple o cualquier otro trastorno patológico grave.

Esta visión duró hasta que comencé a centrar mi atención dentro de mí mismo y a atender a mis patrones crónicos de pensamientos y sentimientos. Descubrí así que me respondían de una manera que yo no había creado ni imaginado. Mi parte iracunda odiaba a la parte que me criticaba y viceversa. Parte de lo que yo solía llamar "pensar" resultó ser una batalla interna entre estas dos partes. Así, por ejemplo, si yo olvidaba hacer algo que me había pedido mi esposa, la parte crítica me atacaba diciéndome que era poco considerado y egoísta. La voz iracunda, a su vez, salía en mi defensa, arguyendo que ella debía de habérmelo recordado. Según iba conociendo a ambas partes me iba dando cuenta que, para cada error mío, el argumento básico era el mismo- las partes eran notablemente coherentes. Si bien ninguno de mis clientes presentaba ninguno de los síntomas clásicos propios de un trastorno de identidad disociada, tanto en ellos como en mí, andaba rondando esa idea. Ellos, en todo caso, no lo simulaban ni se lo imaginaban. De las imágenes, historias y de las relaciones existentes entre las partes fueron surgiendo sesión a sesión, semana a semana, mes a mes, una coherencia significativa que no era posible atribuirla a la imaginación de los clientes.

Luchando con los enemigos internos

Una vez superado el temor a las partes de las personas, sentí un gran entusiasmo. ¿Y si resultara ser que todos tenemos esta colección de jugadores internos, luchando por controlar nuestras almas? ¿Y qué pasaría si fuera posible ayudarles a que se entendieran mejor de la misma forma como yo he ayudado a las familias a hacerlo? Pero antes de poder responder a esta interrogante, era necesario que les conociera mejor.

Muchos de mis clientes, cuando se centraban en su interior,

obtenían una imagen inmediata y clara de sus diferentes partes; sin embargo, en mi caso, resultó más difícil ya que, al hacerlo, sólo lograba obtener una percepción borrosa de mis partes. Considero que lo siguiente tiene una validez general: para algunas personas es como si estuvieran viendo una película con personajes fascinantes mientras que en otros casos, como es el mío, se trata de algo bastante vago e impresionista. Sin embargo, a medida que las personas van conociendo sus partes, se van dando cuenta de cuán complejas son sus vidas internas. Ellas se dan igualmente cuenta de que hay partes que ellas odian mientras que son dependientes de otras.

Para que este comentario sobre las partes sea más concreto, imagínese que entra en una habitación que está llena de personas de diferentes edades. Usted evalúa inmediatamente al grupo que tiene ante sí y, sobre la base de sus primeras impresiones, hace suposiciones al respecto. Algunas de ellas parecerán ruidosas y detestables, otras débiles y necesitadas, mientras que otras darán la impresión de querer controlar el grupo. En principio optará usted por relacionarse con aquellos que le parecen más interesantes o que se parecen más a usted.

Imagínese, además, que, en algún momento, usted decide que es necesario que en el grupo exista un mayor liderazgo y decide que será usted quien se lo proporcione. Sin embargo, resulta que, dentro del grupo, existen conflictos crónicos entre diversos miembros. Cada vez que comienza a hablar con una de las personas, hay otra que piensa que usted se alineará con la primera de ellas e intentará influir en usted de forma tal que la primera de ellas acabe desagradándole y alejándose de ella. Esta interferencia permanente dificultará que pueda conocer realmente a cualquiera de estas personas; sin embargo, a lo largo del tiempo, usted podrá llegar a conversar con cada una de ellas y constatar que las primeras impresiones que había tenido de ellas, eran erróneas. Las que parecían atractivas tienen sus defectos mientras que las que había desechado tienen recursos y atractivos ocultos. En la medida que logre conocer a estas personas más allá de sus máscaras, se irá modificando la apreciación que había hecho sobre ellas y la relación que había llegado a establecer.

En la medida que van explorando su mundo interior, es ésta la experiencia que tienen muchas de las personas. Llegan a relacionarse con las partes como si se tratara de personas en una habitación e, incluso, aquellos casos en los que se pensaba que se trataba de partes malas, éstas respondían bien frente a tal tipo de aceptación. Encontraban, además, que mientras generaban más armonía interna, muchos aspectos de sus vidas externas mejoraban también. Sin embargo, en aquellos días, todo esto no lo sabía.

Para tener una visión más clara de las partes de mis clientes, recurrí a la técnica de la "silla vacía" en la que ellos hablaban con una de las partes que estaría sentada en una silla vacía, situada en frente de estos, para luego cambiar los lugares y dar así voz a la parte aludida. Así, por ejemplo, pedí a Diane que imaginara que hablaba con esa parte mordazmente crítica suya que estaba sentada en la silla vacía. Ella le preguntó por qué se comportaba de manera tan desagradable con ella. Luego pedí a Diane que se cambiara de silla y que respondiera como la parte crítica. Con una mirada arrogante y una voz profunda que destilaba desdén, ella, en cuanto parte crítica, respondió: "Porque eres totalmente inútil e incompetente". Yo quedé desconcertado ante la radical transformación que se producía en Diane cuando adoptaba el papel de parte crítica y le pedí que volviera a su puesto original. A partir de ese momento, su argumentación fue débil, prevaleciendo claramente la parte crítica. En ese momento decidí suplantarla y le pedí a Diane que adoptara nuevamente el papel de crítica mientras que yo señalaba diversos aspectos de ella en los que sí era competente. Insensible a mi discurso defensivo, la parte crítica se rió de mí con desdén y dijo: "Si crees que tú puedes ayudarla, entonces tú eres tan incompetente como ella lo es. Ella es un caso perdido y está en mi poder".

Yo, por supuesto, mordí el anzuelo y entré en una lucha de poderes con esa parte que duró varias sesiones. Si bien intenté diversas formas de alentar a Diane a que, entre las sesiones, excluyera de su mente a su parte crítica con recursos tales como colocarla en una caja imaginaria, pensar en sus cualidades positivas y en los logros obtenidos, repetir afirmaciones o, simplemente, decirle a la parte que se callara, todo ello determinó que la parte se volviera más agresiva y poderosa. Diane se volvió cada vez más depresiva y yo estaba preocupado. Finalmente, no me quedó más que admitir mi derrota. Le dije a la parte en cuestión que me había dado cuenta de que ni yo ni Diana podíamos controlarla y que dejaríamos de intentarlo. Sin embargo, me sorprendía el hecho de por qué la parte se había comprometido tanto en hacer que Diane se sintiera mal. ¿Qué es lo que temía que sucedería si Diane si sintiera a gusto consigo misma? La parte crítica se volvió más suave de manera notoria y manifestó que Diane se convertiría en la persona obesa y perezosa que quería ser.

La parte podría bajar sus defensas y revelar cuál era su auténtica condición si yo abandonaba la idea de que esa parte cambiara y permanecía sencillamente curioso al respecto. La parte crítica describió cuán difícil le resultaba motivar a Diane. Ella se sentía responsable de que Diane tuviera un aspecto y rendimiento tales que impidieran que fuera rechazada. Decía, además, que había otras partes que eran extremadamente indulgentes con ella y, si ellas llegaran a tomar el mando, le permitirían que comiera compulsivamente o que se quedara en la cama. Habló también que había partes de su niña interior que aún seguían heridas por haber sido rechazada de niña por ser algo regordeta. La parte crítica trataba desesperadamente de proteger aquellas partes heridas a la vez que apartar a las partes indulgentes. Pero estaba cansada de tanta lucha y deseaba descansar.

Este encuentro con la parte crítica de Diane fue una tremenda lección para mí. Resultó ser que con esta parte y otras similares aparecidas en otros clientes, yo estaba "juzgando el libro por su cubierta". Yo había identificado esas partes con el papel que se habían visto forzadas a desempeñar. Había partido del supuesto de que las partes furiosas constituían simplemente un manojo de emociones furibundas; partes que, contenidas en la impulsividad propia del cliente, comían o bebían de manera compulsiva; o críticas similares a las que hacen los padres que constituían representaciones internas de ellos. Al pensar que las partes eran como inicialmente me habían parecido y, considerando que existían pocas posibilidades de cambio, procedí a alentar a los clientes a luchar contra ellas. Diane no era el único cliente que estaba perdiendo la batalla interna instigada por mí. Pero, en el momento en que estuve en condiciones de ayudar a los clientes a abandonar la batalla y optar, en cambio, por tener curiosidad por estos supuestos demonios, cada una de las partes terminó narrando una historia similar a la narrada por la parte crítica de Diane.

El extracto siguiente, transcripción de una sesión con otra paciente, Patricia, proporciona una imagen clara de cómo se procede en el trabajo con las partes. Patricia era una mujer sofisticada, que había logrado éxitos profesionales a sus poco más de 50 años de modo que yo era el primer sorprendido de qué problemas pudiera ella querer que fueran tratados.

PATRICIA: En realidad, lo que siempre me ha molestado es el poder dar la impresión de ser estúpida. Hay veces en las que no me molesta mucho- es como un ruido de fondo y lo ignoro. En otros casos, en cambio, se apodera de mí de tal forma que me paraliza y no puedo ni hablar.

SCHWARTZ: ¿Qué tipo de situaciones?

PATRICIA: Generalmente cuando estoy con otra mujer que es muy,

muy inteligente. Pienso normalmente que no tengo ninguna contribución que hacer a la situación y me quedo como catatónica.

SCHWARTZ: De acuerdo, ¿usted quiere entonces liberarse de esa parálisis o temor?

PATRICIA: ¡Si pudiera liberarme de esa reacción, toda mi vida sería mucho mejor! Aunque, en cierta forma, logro lidiar con ella –hay veces que logro deshacerme de ella- a pesar de todo, me está erosionando, abatiendo, impidiendo que diga las cosas que yo sé. ¡Me encantaría poder cambiar esto! Lleva mucho tiempo conmigo!

Patricia, al igual que los pacientes que describía en el primero de los capítulos, había desarrollado una relación muy reactiva y crónica con ese miedo paralizante. Lo había intentado todo para liberarse del mismo, pero nada había funcionado. Lo que nunca se le había ocurrido hacer- más bien escucharle que intentar erradicarlo- era lo que hacía falta llevar a cabo.

SCHWARTZ: ¿Tiene algún temor de intentar conocerlo?

PATRICIA: No, sólo tengo curiosidad al respecto, y rabia, ¿sabe? Rabia por el poder que ha tenido en mi vida.

SCHWARTZ: De acuerdo. Continuemos y centrémonos en ello, en la parte que la paraliza en tales situaciones y vea dónde se localiza en su cuerpo, o alrededor del mismo.

PATRICIA (cerrando sus ojos y dirigiendo su atención hacia su interior): La primera sensación que obtengo es la de tener algo detrás de mí, como si se tratara de un arnés que me refrena, diciéndome algo así como: "Pero, ¿cómo te atreves?"

SCHWARTZ: De acuerdo. Centremos la atención en ello… y dígame qué siente hacia esa parte ahora?

Cuando le pregunto: "¿Qué es lo que siente hacia esa parte?" lo que estoy intentando es tener una idea de en qué medida está el Self presente, atendiendo al tono y contenido de la respuesta.

PATRICIA: Mi primera reacción es la de decirle: "Apártate de mí". ¿Sabe? "Quítate de encima de mí" y, sin embargo, tengo curiosidad por saber por qué quiere detenerme.

En esta respuesta, escucho a una parte diferente de ella ("Apártate de mí") y comienzo a percibir que, en la medida que ella se iba separando de la parte que la detenía y centrándose en ella, comenzaba a aparecer la curiosidad del Self. Quiero ver si la parte que desea que esa parte frenadora se marche se hará a un lado y permitir que su Self pueda surgir aún más.

SCHWARTZ: Tenemos entonces a la parte que desea que la parte paralizante se aleje de usted- pídale a esa parte que tenga paciencia y nos permita seguir con su curiosidad. Podremos así conocer un poco mejor a la parte paralizante y saber por qué motivo le está haciendo esto a usted. ¿Le parece bien?

PATRICIA: La parte que desea que la otra parte se marche está enfadada. Está impaciente.

SCHWARTZ: De acuerdo. Pero, ¿está dispuesta a dejarnos seguir y no interferir?

PATRICIA: Ella dice: "Más vale que funcione"

SCHWARTZ: ¿O qué pasaría?

PATRICIA: O él asumiría el mando nuevamente. Pero yo le digo a él: "Tu técnica no ha funcionado nunca".

SCHWARTZ: ¿Y él que dice al respecto?

PATRICIA: Él se siente algo humilde por haberlo señalado esto.

SCHWARTZ: De modo que reconoce que esto es cierto.
PATRICIA: Cierto y por ello retrocede, se aparta.

Por el modo en que está hablando Patricia, puedo decir ahora que ella ha entrado completamente en el mundo interno de sus partes. Para un observador parecería ser que ella se encuentra en un trance hipnótico; sin embargo, las personas lo describen más bien como si se encontraran en la mitad de un sueño, hablando con los diferentes personajes y recibiendo sus respuestas.

SCHWARTZ: Bien. ¿Qué siente ahora hacia esa parte que la regaña y la frena?

PATRICIA: Me pregunto por qué lo haría.

SCHWARTZ: ¿Ahora qué siente frente a la parte paralizante?

PATRICIA: Es como si de alguna forma la conociera muy bien, aunque no puedo ponerle un contenido todavía.

SCHWARTZ: Le suena familiar.

PATRICIA: (comienza a llorar) Claro que me resulta familiar. Pero me temo que si me sigue preguntando, no podré responderle.

SCHWARTZ: Eso está bien. ¿Nota algún sentimiento que lo acompañe? ¿Qué sentimiento es ése?

PATRICIA: Uh huh. Tal vez algo de compasión hacia eso. Es como cuando uno ve a un viejo amigo.

Según Patricia va aproximándose hacia esa parte y está menos furiosa con ella, la está pudiendo ver como es en realidad, evocando así una compasión natural por ella.

SCHWARTZ: De acuerdo. ¿De modo que usted podría mostrarle a esa parte lo que acaba de expresar?

PATRICIA: Veamos...Sí, claro que puedo.

SCHWARTZ: ¿Cómo reacciona?

PATRICIA: Se parece un poco a la reacción de los perros- un perro que no ha comido durante largo tiempo y se acerca a una persona que se la ofrece, pero lo hace con temor ya que ha sido golpeado demasiadas veces.

SCHWARTZ: Sí. Entonces, ¿sería posible tranquilizarla hasta que esté dispuesta a confiar algo más en usted?

PATRICIA: Me resulta tan curioso porque la he odiado durante tanto tiempo. He estado enojada con ella mucho tiempo.

SCHWARTZ: Lo sé. Pero como usted le dijo a esa otra parte, eso no funcionó.

PATRICIA: Correcto. Parece ser como si yo me acercara un poco a ella, y esa parte se acercara un poco a mí. Creo que estoy sintiendo mucha pena por ella. Y eso es lo curioso de mi reacción porque estaba acostumbrada a que mi reacción fuera: "¡Sal de aquí!". Me siento así insegura de...resulta sospechoso porque es como si en cualquier momento, me diera vuelta y la golpeara con un palo o algo así.

Según describe ella esta escena, da la impresión de que se ve a sí misma aproximándose al perro. Cuando las personas se ven a sí mismas realizando el trabajo, ello significa que su Self está observando a alguna otra parte realizarlo por él. Yo compruebo eso y le pido a Patricia que sea realmente ella quien está con el perro y no observarse a sí misma con él.

SCHWARTZ: Patricia, ¿se ve usted a sí misma acercándose a la parte o está usted ahí, viéndose acercarse?

PATRICIA: Ya no lo puedo decir con seguridad. Al principio pensé que era una y luego pensé que era la otra. Van y vuelven.

SCHWARTZ: De acuerdo. Pregúntele a sus partes si le permiten a usted estar allí.

PATRICIA: ¿Sólo estar con ella?

SCHWARTZ: Sí.

PATRICIA: Veo a algunas partes de mí que dan marcha atrás y yo comienzo a sentir que me estoy acercando a ella para luego salir fuera de ahí y pensar que tengo que ver esto, tengo que verlo...

SCHWARTZ: Eso es. Esa parte que la hace saltar fuera y que desea observar –pídale a esa parte que se aparte de verdad y, si es necesario, que se vaya a otra habitación o lugar.

PATRICIA: De acuerdo. Tengo que evaluar y tengo que observar a la parte como si se tratara de una técnica que yo tengo, como si yo debiera observarla.

SCHWARTZ: Sí, esa parte que le dice a usted eso, que considera esa regla, esa técnica veamos si quiere hacerse a un lado.

PATRICIA: De acuerdo. De acuerdo. Siento algo de temor de estar con la parte que me frena en vez de estar observándome a mí misma hacerlo. No sé cómo sería el estar sólo experimentándolo.

SCHWARTZ: Sí. La que está atemorizada de eso...vea si está dispuesta a confiar en usted y en mí respecto de esta parte y yo pueda hacerle saber a esa parte que es mejor que esté ahí. Es mejor para la parte y es mejor para todo el sistema, completo.

PATRICIA: De acuerdo. Me fiaré de su experiencia. De acuerdo.

SCHWARTZ: Bien. ¿De modo que usted está ahí con la parte? ¿Cómo se siente?

PATRICIA: Tranquila y contenta de estar aquí.

SCHWARTZ: ¿Puede usted ahora tranquilizar a la parte diciéndole de que cuidara de ella, que no la golpeará, que no le gritará?

PATRICIA: (muy emocionada): Le permito a la parte que se dé cuenta de que las otras partes se han apartado. Le permito que se dé cuenta que no he sido yo quien la ha golpeado. U odiado. O de haberla temido.

SCHWARTZ: ¿Y, cómo está reaccionando?

PATRICIA: Como si descansara,..como si descansara. Tengo la impresión de que tengo que practicar ya que no estoy acostumbrada a estar con ella o, incluso, a verla. Sólo estoy acostumbrada a intentar librarme de ella.

Como Patricia pudo descubrir, si no atacamos a nuestras partes, puede que ellas bajen sus defensas. Es entonces cuando llegamos a conocer quiénes son en realidad y por qué hacen lo que hacen pudiendo así, entonces, ayudarlas a que cambien.

No todas las sesiones de IFS discurren de manera tan suave como en el caso de Patricia. El trabajo que ella previamente había realizado consigo misma permitió que las partes tuvieran una gran confianza en el liderazgo de su Self. Lo anterior queda reflejado en la rapidez con que acceden a hacerse a un lado cuando ella así lo solicitó. Este proceso de hacerse a un lado, como queda de manifiesto en la sesión, liberará una cantidad cada vez mayor de su Self permitiendo que, según va produciéndose esta liberación, vaya ella liderando el proceso. Las partes a las que se ha pedido que se aparten no son relegadas a ninguna forma de exilio. Sólo se les ha pedido que no interfieran mientras el Self esté intentando conocer y luego sanar a la parte paralizante. Posteriormente, ellas podrán compartir sus reacciones, expresar sus preocupaciones y, en caso de estar listas, esperar su turno para ser sanadas. En la medida en que cada parte va abandonando su papel extremo, las partes comienzan a cambiar la relación que existía entre ellas, llegando finalmente a convertirse en un grupo integrado y armónico. Como espero que haya quedado claro en la transcripción, yo aliento a las personas a que traten a sus partes como si se tratara de personas internas. Pero, ¿qué es lo que son ellas en realidad?

La multiplicidad normal de la mente

Mis clientes experimentaban a sus partes como si se tratara de personas internas, es decir, como personalidades completas que se habían visto forzadas a adoptar papeles protectores que a ellas no les gustaban, pero que también temían dejar. ¿Era posible saber quiénes eran en realidad? Yo fui conducido a un territorio extraño por mis clientes – hacia un replanteamiento radical referente a la naturaleza de sus mentes, de la mía y de la mente en general.

Posteriormente supe que yo no había sido el primero en ser llevado a ese territorio. Mucho antes que yo, habían sido varios los investigadores intra-psíquicos que se habían encontrado con lo que yo llamo la multiplicidad normal de la mente. Roberto Assagioli, un psiquiatra italiano, es quien merece todo el crédito por ser el primero en Occidente en haber reconocido este fenómeno desarrollando, además, un enfoque que se basaba en el trabajo con las subpersonalidades, trabajo que él llamó psicosíntesis. Yo estaba entusiasmado con las similitudes que existían entre su forma de entender las subpersonalidades y lo que las partes de mis clientes me estaban enseñando sobre ellas mismas. Carl Jung (1962) también reconoció la existencia de una multiplicidad dentro de él y dentro de sus pacientes y, mediante un proceso llamado imaginación activa, lograba tener acceso a ese mundo interior. De los habitantes que encontró allí, observó lo siguiente: "Existen cosas en la psique que yo no he producido, sino que ellas se han producido a sí mismas y tienen una vida propia...tienen un cierto grado de autonomía, una identidad diferenciada propia. La autonomía que tienen supone una situación con la cual le resulta a uno difícil reconciliarse..." (págs. 181, 183). Teóricos de otros campos como la Hipnoterapia y la Psicotraumatología han observado que las subpersonalidades no son privativas de personas con trastorno de personalidad múltiple.

Tanto neurobiólogos como expertos informáticos han reconocido la multiplicidad existente en la mente humana normal y han elaborado sus propias explicaciones y modelos. Los informáticos encuentran que los ordenadores de procesamiento paralelo, que constan de muchos procesadores pequeños que trabajan de manera independiente en un mismo problema, operan de manera más parecida a la mente humana que lo que lo hacían los ordenadores antiguos de procesamiento en serie. Los neurocientíficos hablan de "estados de la mente" o de "módulos" en cuanto que se trataría de grupos o racimos diferenciados de procesos mentales relacionados, integrados en estados similares a estados sub-mentales coherentes. La idea consistiría en que, en aras de la eficiencia, el cerebro estaría estructurado para formar estos racimos – conexiones entre los diferentes recuerdos, emociones, formas de percibir el mundo y conductas – los cuales permanecerían unidos formando unidades internas, susceptibles de ser activadas cuando fuera necesario. Así, por ejemplo, el neuropsiquiatra Daniel Siegel (1999) escribe que, en un estado de la mente de temor, se reúnen clústeres para formar "un estado de cautela aumentada, con atención focal, hipervigilancia conductual, recuerdos de experiencias de amenazas del pasado, modelos del self como víctima necesitada de protección y activación emocional que alerta al cuerpo y a la mente a estar preparados frente a un posible daño.." (pp. 208–209). Estos rasgos, una vez que han sido integrados, serán los que aparecerán cuando existan amenazas futuras. Existen, además, otros clústeres que podrán ser evocados frente a diferentes estímulos. La multiplicidad es, desde esta perspectiva, inherente a la manera en que el cerebro ha ido evolucionando para poder hacer frente de manera eficiente a los cambios que se producen en nuestro entorno. Estos clusteres adquieren luego vida propia.

A pesar de todos estos informes procedentes de una amplia diversidad de fuentes, la idea de la mente como conteniendo una multitud de personajes diferenciados, autónomos sigue siendo, como dice Jung, "una cosa con la cual resulta difícil reconciliarse".

La idea de la multiplicidad normal de la mente ha quedado en general marginada de las instituciones de la salud mental y de la cultura. Podremos hablar de nuestro niño interior, de nuestro superego, de nuestro temperamento; sin embargo, somos pocos los que los consideramos como seres interiores auténticos. Pensamos en ellos más bien en términos de metáfora de estados emocionales o de aspectos de nuestras personalidades unitarias. La obra de Assagioli continúa siendo marginada y si bien, la obra de Jung ha tenido una considerable y creciente repercusión en nuestra cultura, la faceta de su obra referente a las subpersonalidades continúa siendo menos reconocida o comprendida. Seguimos fijados a la idea de tener una única mente, aferrados a la creencia de que las únicas personas que tienen más de una son aquellas pobres almas que padecen de trastorno de personalidad múltiple. No es infrecuente que, tras su primer viaje interior, algunos clientes pregunten: "¿Cree usted que yo soy como Sybil?" (caso muy controvertido sobre una paciente con aparente TID ocurrido en EE. UU de Norteamérica).

A medida que vamos conociendo las tradiciones chamánicas de diferentes grupos indígenas, va quedando cada vez más claro que la idea de la mente como algo unitario ha sido una invención relativamente reciente de nuestra sociedad "civilizada". Las diversas culturas indígenas existentes a través de todo el mundo estaban familiarizadas y se sentían a gusto no solamente con un mundo espiritual sino que, además, con la existencia de un reino interior que estaba habitado por muchas voces y personajes diferentes. Podría ser que la idea de una multiplicidad en la mente humana pudiera suponer una partida menos radical desde el conocimiento establecido que lo que sería un retorno a una sabiduría ancestral a partir del cual partió básicamente el "conocimiento establecido".

Ello no implica minimizar las dificultades que supone desplazar nuestras creencias hacia la multiplicidad normal. A pesar de haber ido acumulando experiencia con cada uno de los clientes, tardé, tras las exploraciones iniciales tenidas con Diane, al menos cinco años en aceptar plenamente dicha posibilidad. A diferencia de Diane y de Patricia, sigo sin ser capaz de experimentarme a mí mismo de manera intuitiva, salvo que dirija deliberadamente mi atención hacia mi conciencia interior. Según van y vienen las partes, no soy capaz de percibir los sutiles cambios en perspectiva y conducta que se producen como tampoco las voces que habitualmente hay. Todo lo anterior se amalgama en el mosaico de la experiencia que he tenido y, si bien logro identificar la Gestalt del mosaico, no soy consciente de las partes de ésta hasta el momento en que una de ellas se irrita y pasa a tomar el mando. Es entonces cuando percibo en qué persona diferente me he convertido.

Puede usted recordar, por ejemplo, cuando un miembro de su familia o su pareja hizo algo para herirlo, enfadándose luego usted con él o con ella? ¿De qué manera cambió su modo de pensar, ya no sólo respecto a esa persona sino que, también, en términos generales? ¿De qué manera cambiaron su visión, su postura y movimientos, y su voz? Si a usted le pasa como a mí, da la impresión como si el propio cuerpo hubiera sido secuestrado temporalmente por otra persona. Yo comienzo a pensar en términos de blanco y negro, de bueno y malo. Me siento más joven, más impulsivo, con más energía. El amor o la empatía que sentía por la otra persona desaparecen; sólo puedo ver las cosas desde mi punto de vista, y tengo un abrumador deseo de que las cosas se hagan a mi manera. Puedo llegar a ser insensato, preocupándome poco por las repercusiones que mis acciones o palabras puedan tener. Mi adversario cambia físicamente, volviéndose más feo y repulsivo. Yo me vuelvo súbitamente más demostrativo, gesticulando ampliamente con mis brazos para enfatizar mi posición. Tiendo a quejarme en voz alta y a hablar con desprecio o condescendencia. Dicho de otra manera, me transformo de un facsímil razonable de ser humano en un adolescente dominado por las hormonas y centrado en sí mismo.

Tras centrarme en dicha rabia y haberle hecho unas preguntas, me di cuenta de que efectivamente había en mí una personalidad adolescente que no sólo se sentía furiosa sino que, además, se sentía herida y temerosa. Creía que debía protegerme frente a eventuales heridas que pudieran infligirme las personas con las que entraba en contacto de modo que continuó con la ira en los momentos de peligro. La ira, sin embargo, no constituía su esencia, estaba en el territorio en el que ejercía su rol protector. Estaba ahí, heroicamente, delante de aquellas partes más jóvenes de mí que aún seguían soportando el dolor de los rechazos sufridos en el pasado, y replicaba a aquellas partes asustadas de mí, temerosas de hacer frente a cualquiera. Si uno logra centrarse en la ira con una actitud de curiosidad, se sorprenderá al saber que ésta es también, mucho más que una bolsa llena de emociones. Usted podrá, incluso, llegar a sentir compasión y gratitud por ella.

Un sistema de personalidades internas completas

El término partes resulta, entonces, insuficiente para explicar el fenómeno. He utilizado este término porque resulta más fácil de usar que el de subpersonalidades. Todo el mundo dice frases tales como "una parte de mí desea ir a trabajar hoy, pero hay otra que desearía permanecer en la cama". Pero estoy hablando de personalidades internas completas, no de "alteres" desiguales como los que aparecen en el trastorno de identidad disociada. Las personas diagnosticadas de tal trastorno, debido a la gravedad de los abusos soportados cuando niños, tienen partes que están tan aisladas como también polarizadas entre sí que, cuando una asume el mando, se produce un cambio significativo en la conducta que, en ocasiones, se acompaña de pérdida de memoria de lo que sucedió cuando otras de las partes estaban presentes. Para poder sobrevivir, tales clientes precisan de una compartimentación extrema. Aquellos de nosotros cuyas infancias no estuvieron lastradas de experiencias horribles, disponemos de partes que se relacionan de manera más armoniosa por lo que nos sentimos y presentamos un aspecto más integrado. En este contexto, el hecho de tener una personalidad integrada no implica necesariamente una ausencia de partes. Sólo significa que estas partes tienen internamente una buena relación y que cooperan juntas, pero no que desaparecen. Unas partes aparecen, otras se retiran, pero sí percibimos su presencia; sin embargo, la identidad nuestra no cambia de manera significativa ya que nuestras otras partes están presentes mientras eso sucede.

En la medida en que mi concepción de las partes iba cambiando de una visión unidimensional (como lo era la parte furiosa) a una multidimensional (la personalidad del adolescente herido que se ve forzado a adoptar el papel de una persona enfadada), el entrenamiento en terapia familiar que tenía me fue permitiendo comprender mejor sus problemáticas. Tomemos el ejemplo de Billy, uno de mis clientes, un chico de quince años, de pelo teñido multicolor y muchos "piercings" en el cuerpo, que tenía muchos problemas en el colegio y que, en casa, según manifestaban sus padres, daba siempre la impresión de estar enfadado. En mi condición de terapeuta familiar sabía que, para entender su comportamiento dentro de un contexto, era necesario averiguar cuáles eran sus antecedentes familiares y la relación que mantenía con otros miembros de la familia y amigos. Al hacerlo, me di cuenta de que él pensaba que debía proteger a su madre y a su hermana menor ya que su padre había abusado de ellas en el pasado. A la luz de estos hechos, cobra sentido el hecho de que Billy se hubiera sentido forzado a adoptar el rol de protector furioso.

Nuestra cultura en general, en general, no ha permitido que nos socializáramos pensando en términos de sistemas interconectados. La cultura nuestra es individualista y en esta se supone que cada cual es responsable de su propia conducta. Se juzga a las adolescentes embarazadas como inmorales; a la gente sin empleo como vagos; a los drogadictos como hedonistas. En raras ocasiones buscamos la existencia de posibles conexiones y consideramos a menudo que cualquiera de ellas, son sólo excusas para una conducta irresponsable. Billy era considerado como uno de los chicos malos en el colegio, diagnosticándosele que tenía un trastorno en la conducta. Todos juzgaban el libro por su cubierta.

Se denomina pensamiento sistémico al proceso por el cual se intenta comprender de qué manera la conducta de una persona está conectada con relaciones con otras personas o con sucesos pasados en vez de limitarse a juzgarla por el aspecto o las acciones de ésta. La terapia familiar fue la que introdujo el concepto de pensamiento sistémico en el campo de la salud mental, campo que había estado dominado previamente por los modelos freudiano y médico, los cuales diagnosticaban y trataban a las personas prestando escasa atención al contexto social en que se habían producido sus problemas.

Teniendo en cuenta mi formación previa en pensamiento sistémico, comencé a intentar comprender de qué manera estaban conectados el rol que desempeñaba una de las partes del cliente con la relación que tenía con otras partes de la misma forma como ya lo había hecho con la rabia de Billy al relacionarlo con su posición relativa en su familia. Como ya se ha mencionado, al preguntar al crítico de Diane qué es lo que temía que sucediera si no la hiciera sentirse tan mal, quedó de manifiesto que había dos conjuntos de relaciones internas que lo mantenían en el papel de crítico. El crítico temía que si no estaba presionando constantemente a Diane, sus partes indulgentes asumirían el mando y ella se volvería obesa y vaga. El crítico temía, además, que las partes similares al niño interior, vulnerables, que él protegía, volverían a ser heridas al ser ella nuevamente rechazada. De la misma forma como Billy se veía forzado a seguir desempeñando el rol de enfadado por estar en conflicto con su padre y protegiendo a su madre y a su hermana, el crítico de Diane se veía igualmente limitado en sus posibilidades de cambio al estar en conflicto con algunas partes mientras tenía que proteger a otras.

¿Qué significa todo esto para uno y las propias relaciones internas? En primer lugar, pone de relieve el hecho de que el modo en que uno se relacione con las partes estará determinado por cómo uno logre comprenderlas. Si uno las percibe solamente como creencias internalizadas o como estados emocionales unidimensionales, tendrá uno pocos motivos para escucharlas o para abrirles el corazón. En cambio, si por otra parte, uno considera que se trata de personalidades multidimensionales, autónomas, es muy probable que uno las aborde con curiosidad y compasión.

En segundo lugar, significa que nuestra mente es un sistema intrincado. Las relaciones que sus partes tienen entre sí se asemejan a las relaciones existentes entre los miembros de una familia. Muchas de de nuestras partes no podrán cambiar hasta que las partes a las cuales protege o con las cuales está en conflicto hayan cambiado. Si uno atiende con curiosidad a una parte concreta, podrá conocer los motivos por los cuales es refractaria a cambiar, pudiendo, en ocasiones, ser realistas tales razones. Yo he trabajado, por ejemplo, con niños de barrios deprimidos que no podrían jamás permitirse abandonar su muro protector de desconfianza y bravuconería ya que, de otra manera, si alguna vez daban muestras de ser vulnerables, serían atacados por los otros. Sin embargo, una vez que los niños habían demostrado que podían cuidar de sus partes vulnerables, sí pudimos negociar con aquellos protectores que los niños fueran más selectivos a la hora de determinar en qué momentos eran necesarios tales muros.

Polarización

Considerando que la mente es un sistema de partes, ¿cómo operan estos Sistemas? Uno de los principios de los sistemas humanos sostiene que las diferencias pueden ir creciendo hasta convertirse en polarizaciones. ¿Se ha encontrado usted alguna vez en alguna discusión en la que usted adoptara una postura en la cual no creía en realidad, aunque lo ha hecho para contrarrestar la postura extrema del otro? Así, tal vez, aunque creyera que Bill Clinton había actuado mal, usted le defiende en las aventuras que ha tenido sólo porque su suegro lo odia. Usted pensaba que si cediera, las ideas políticas equivocadas de su suegro persistirían. ¡Usted renunció a ceder hasta que él no lo hubiera hecho! A esto se le llama polarización: cada parte adopta una postura que es la antípoda de la de la otra parte o, al menos, compite con ella, sólo por temor de que suceda algo horrible si no lo hace. Esto se produce en los sistemas humanos a todos los niveles. Los padres se convierten en enemigos, los hermanos en rivales y las partes internas en antagonistas.

El psiquiatra Paul Watzlawick y sus colegas (1974) empleaban una metáfora de la náutica (que intentaré embellecer) para ejemplificar la polarización que se produce en los sistemas. Ellos evocaban la imagen de ".. dos marineros inclinados a cada lado de un velero con el fin de hacerlo más estable: cuanto más se inclina uno por la borda, tanto más debe hacerlo el otro marinero para poder compensar la inestabilidad generada por el otro en sus intentos por estabilizar el velero; sin embargo, de no haber mediado estos esfuerzos acrobáticos por estabilizarlo, el velero por sí sólo se habría mantenido bastante estable" (pág. 36). Ambos marineros han abandonado su papel preferido y valioso para encontrarse en posiciones que resultan contraproducentes para el velero, aumentando el riesgo de que éste vuelque. Ambos se encuentran, además, rígidamente limitados en sus posiciones. Cada uno de ellos debe permanecer en una posición extrema con respecto de la extremidad del otro. Cada uno de ellos sólo puede moverse en relación con los movimientos del otro. Resulta irónico observar que ninguno de los dos se encuentra a gusto en su papel y que ambos desean volver a la armonía y, sin embargo, cada uno de ellos tiene motivos válidos para temer las consecuencias que acarrearía consigo el hecho de abandonar unilateralmente su posición. El barco se volcaría si él o ella se movieran

Cada marinero estará en lo correcto cuando considere que si se mueve, el barco se inclinará porque el otro marinero continuará inclinado sobre la borda. La única solución plausible es que ambos se muevan al mismo tiempo. Al no fiarse el uno del otro, sólo la presencia de una tercera parte de la cual ambos se fían, permitirá garantizar que, al moverse uno, lo hará también el otro. Si disponen de un capitán en el que ambos se fían, podrá éste alentar simultaneamente a ambos a que abandonen la barandilla. Una vez liberados de la tensión y restricciones que impone la polarización, podrá cada marinero moverse libremente por el velero y volver al rol valioso y agradable que desempeñaba mientras confía en que el capitán les dirigirá por un rumbo seguro y beneficioso para todos.

Para proseguir con nuestra versión de esta analogía, volvamos al caso de Diane. Muchas de las partes de Diane se encontraban polarizadas de esta manera. Como había comentado anteriormente, ella escuchaba constantemente una voz crítica que la impelía a trabajar duro y a ser perfecta en lo que hacía. Si alguna vez llegaba a estar sentada tranquilamente un rato, dicha parte luchadora se encargaba de criticarla por ser una vaga, haciéndole un recordatorio de todas las cosas aún pendientes de hacer. Le pedí a Diana que le preguntara a su parte luchadora crítica qué es lo que temía que sucedería si dejara de tenerla en constante movimiento hasta el punto de dejarla exhausta. La parte respondió que, de otra manera, ella se pasaría el día entero sentada, comiendo de manera compulsiva. Diana había informado que antes había sido una niña y una adolescente regordeta, y que había sufrido mucho por ello. Reconoció, además, que había una parte en ella proclive a comer de forma compulsiva y que había estado luchando de manera constante contra ello desde que había perdido peso en la universidad.

La parte de Diane con tendencia a comer de manera ansiosa se defendía a su vez, manifestando que, al ser la parte luchadora tan dominante, cuando Diane estaba exhausta, cualquier momento era bueno para hacer un parón, comenzando a comer de manera compulsiva para así poder hacer frente a la tensión que le generaba la presión que, en relación a la comida, ejercía la parte crítica. Luego, una vez terminado el atracón, la parte crítica volvía, una vez más, a atacarla, diciéndole que era una cerda e impulsándola a que corriera de manera frenética en la banda sin fin. De esta forma resultaba ser que cada una de las partes polarizadas de Diane estaba convencida que si no adoptaba una posición extrema, la otra parte asumiría el control, hundiéndose, efectivamente, el bote. Las partes habían llegado a un punto muerto. Ninguna de las partes estaba en condiciones de adoptar posiciones menos extremas si no existía la certeza de que la otra parte también lo haría, resistiéndose a cualquier sugerencia en dicho sentido si no mediaba tal certeza. Ambas partes se encontraban en lucha por su seguridad, pensando ambas que sería precisamente la otra parte la que las hundiría.

Al faltar una comprensión de cómo funcionaba su sistema interno, fueron muchas las personas del entorno de Diane, incluido otro terapeuta, quienes le prescribieron la apelación al sentido común: "¿Por qué no bajas la marcha y dejas de correr hasta hacerte trizas?" No se daban cuenta de que, involuntariamente, estaban tomando partido por la parte compulsiva, adoptando consecuentemente la parte luchadora y crítica su postura más extrema. Mientras no se comprenda cuál es la naturaleza de la polarización, se continuarán cometiendo los mismos errores. Al igual que sucede con las personas en las familias o con los países en la política internacional, las partes polarizadas no pueden ni quieren cambiar unilateralmente.

Sin embargo, como queda claro en el ejemplo del bote, no

será posible lograr que exista una armonía y un equilibrio entre los miembros de la tripulación si no hay un liderazgo eficaz. Afortunadamente, todos disponen ya de un líder interno capaz. Cuando Diane estuvo en condiciones de interactuar con cada una de las partes de su Self, éstas comenzaron a confiar en ella, pudiendo su Self lograr que las partes luchadora y compulsiva llegaran a un punto de encuentro y dejaran de luchar por controlar su alma. La parte luchadora pasó en última instancia, a adoptar un rol de consejero que fijaba objetivos razonables y las estrategias necesarias para alcanzarlos. La parte compulsiva, según fue dándose cuenta de que ya no era necesario defenderla de la parte luchadora y crítica, acabó convirtiéndose en la voz apaciguadora que la animaba a relajarse.

Una vez que se hubo puesto fin a esta polarización y a los problemas entre las partes luchadora y compulsiva que acarreaba, pudo Diane acceder a aquellas partes vulnerables, similares al niño interior y a las cargas de tristeza que acarreaban y a las que no había podido prestar atención por toda la actividad anterior generada. Ella logra estar así junto a su tristeza el tiempo suficiente como para poder lograr saber cuál había sido su origen y sanar esa parte cargada de ella ya que ninguno de los dos protectores había reiniciado las beligerancias.

Encontré que aquellas partes que habían atormentado durante años a otros clientes se habían visto atrapadas por situaciones difíciles similares que también conllevaban problemas de polarización y de protección. Era necesario entonces que, al igual que sucedía en el caso de Billy en el que fue necesario que cambiaran determinadas cosas respecto de su padre para que él ablandara su posición, previamente cambiaran algunos otros aspectos antes de que las partes polarizadas de los otros clientes pudieran cambiar. Yo había estado conduciendo a mis clientes a que tuvieran luchas de poder con aquellas partes que estaban condenadas a perderse ya que las partes no podían dar marcha atrás. Cada una de las partes polarizadas consideraba que toda la seguridad del sistema interno dependía del hecho de que la parte en cuestión siguiera desempeñando su papel. Sólo cuando Diane logró demostrarle a su parte crítica de que ella era capaz de proteger a las partes vulnerables y que tampoco permitiría que las partes indulgentes asumieran el mando es cuando esta parte la alivió totalmente de la crítica.

Estancado en el pasado

La experiencia que había tenido con la parte crítica de Diane determinó que yo cambiara el abordaje que empleaba. En vez de intentar reorganizar de manera enérgica los sistemas internos de los clientes, opté por tener una curiosidad cada vez mayor por ellos. Para poder comprender realmente en qué consistían las partes, me esforcé por eliminar todas las ideas basadas en hipótesis que tenía en relación con la naturaleza de la mente y de las emociones y permití que fueran mis clientes quienes me educaran. Entrevisté a cientos de partes de mis clientes, intentando permanecer abierto a todo y curioso, incluso aunque se tratara de partes dispuestas a herir a mi cliente o a otras personas. Resultó evidente el hecho de que los roles que adoptaban muchas de las partes estaban determinados no solamente por las posiciones protectoras o polarizadas que existían en el sistema, sino que también por creencias o emociones que parecían ser irracionales. Uno de los clientes tenía una parte furiosa que percibía la existencia de peligro en todo lo que le rodeaba no obstante vivir en un entorno en el que todos convenían que era seguro. La parte suicida de otra cliente estaba convencida de que debía morir porque ella se consideraba malvada. Había otro cliente más que tenía una parte que creía que él no era susceptible de ser amado aunque, en su vida, había habido quienes evidentemente sí le habían amado

En vez de cuestionar tales creencias, comencé a preguntarme de dónde habrían obtenido esas partes tales ideas. Una vez planteada la pregunta, eran muchos los clientes los que inmediatamente después comenzaban a ver imágenes de su propio pasado. Para algunos era como si estuvieran viendo imágenes específicas de una película de su propia infancia. Con frecuencia se trataba de escenas de traumas –rechazos, humillaciones, abuso físico o sexual – y de sucesos atemorizadores o vergonzosos. Generalmente se trataba de recuerdos que no habían sido olvidados pero que, en las narraciones hechas por los clientes de sus vidas, se veían como sucesos a los que se les había restado importancia, minimizado, trivializado u ocultado. Varios de los clientes se alteraron mientras observaban las escenas, llorando y ocultándose como si hubieran sido arrastrados hacia las escenas que veían y las estuvieran reviviendo. Según se iban produciendo estos hechos, yo no sabía muy bien qué hacer. En aquellos primeros tiempos no me sentía a gusto frente a emociones tan intensas, tanto si se trataba de emociones propias como si se tratara de emociones de clientes o de familiares. Temía que, en la medida que observaba que los clientes se aproximaban a mi umbral de comodidad emocional, éstos se vieran superados por unos sentimientos tales que les llevarían a un punto sin retorno y que entrarían en un estado de desesperanza sin salida.

No se trata de una simple coincidencia el que temiera que si yo me acercaba demasiado a mis propios sentimientos exiliados me pudiera ocurrir lo mismo. Luego, hacia mediados de la década de los '90, una crisis en mi vida personal giró la llave liberando algunas de las partes heridas y solitarias que había en mí, obligándome a entrar a conocerlas y a valorarlas. Una vez que hubo sucedido esto, ya estuve en mejores condiciones de poder acompañar a mis clientes cuando éstos estaban experimentando emociones intensas. Sin embargo, cuando aún no había realizado ese trabajo personal en mí, solía pedirles a mis clientes que se encontraran en un estado de agitación o entre lágrimas que salieran de la escena del trauma y que la observaran desde un estado más distanciado. Era frecuente que los clientes estuvieran en condición de hacerlo, aunque había otros que se cerraban completamente, existiendo dificultades para volver a la escena que permitiera concluir el trabajo iniciado.

Una vez que la parte lograba identificar en qué momento del pasado del cliente había aceptado una creencia o emoción irracional concreta, dicha creencia o emoción parecía volverse súbitamente menos irracional. Si se tenía en cuenta lo que le había sucedido al cliente, resultaba totalmente comprensible que él o ella hubieran pensado o sentido de la forma que lo habían hecho. Sin embargo, resultaba ser que si bien habían transcurrido varios años después de aquellos episodios antiguos y la persona ya no estaba en esa situación, de alguna forma, las ideas, emociones y sensaciones vinculados a ellos, aún persistían en una parte de mi cliente. Era como si aquellas partes de mis clientes se hubieran quedado estancadas en el pasado, paralizadas en un terrible momento- era como si, para aquellas partes, lo que había ocurrido en el pasado, continuaba sucediendo o era probable que lo hiciera. También daba la impresión de que aquellas partes seguían siendo las portadoras de antiguos mensajes que ellas habían recibido sobre sí mismas y sobre el mundo. Muchos de los clientes sintieron alivio tras ser testigos de las historias que narraban sus partes. Durante años se habían se habían sentido confundidos por lo que sus mentes racionales percibían como compulsiones, temores, añoranzas locas o como visiones del mundo. Y ahora comprendían cuáles habían sido las causas de tales sentimientos, creencias y conductas.

Partes sanas liberadas de sus roles extremos

Sin embargo, más significativo que lo anterior fue la reacción de las partes que finalmente se sintieron comprendidas. Era como si hubieran estado durante años intentando contar lo que les sucedía, sin lograrlo. Parecía ser que sólo necesitaban que el Self de la persona pudiera comprender qué es lo que le pasaba a las partes y se diera cuenta de lo terrible que era. Una vez ocurrido esto, muchas de estas partes experimentaron una transformación inmediata. Muchos de los clientes referían que la imagen y experiencia de la parte que tenían, había cambiado. Era como si la parte se hubiera liberado de una carga que, al igual que el chip de un ordenador o una maldición, había estado dirigiendo su existencia. Al igual que si las partes hubieran sido liberadas de una servidumbre, muchas de ellas se volvieron gozosas como sucedía en El mago de Oz con los monos volantes al fundirse la Bruja Malvada. Tras ser liberadas de las cargas, muchas de ellas sólo querían jugar, bailar o descansar. Otras partes, de manera sorprendente, adoptaron roles radicalmente opuestos al que habían estado desempeñando. Así, por ejemplo, la parte crítica de Diane se convirtió en la "animadora" comprensiva que la animaba a dar lo mejor de sí.

El hecho de ser testigo de las transformaciones que tenían lugar en las partes de los clientes me condujo a la concepción actual que tengo de las partes, consistente en personalidades internas completas que nos acompañan a lo largo de la vida para proporcionarnos toda suerte de servicios valiosos. Algunas de ellas son jóvenes y llenas de inocencia, asombro y deleite. Ellas añaden solidez a nuestra existencia, nos ayudan a jugar, crear, relajarnos y a disfrutar de la intimidad. Otras nos ayudan a evaluar situaciones y personas. Al igual que consejeros valiosos, son capaces de planificar y de solucionar problemas. Existen otras que nos proporcionan la perseverancia necesaria frente a las dificultades que se presentan y la fortaleza para hacer frente a los desafíos. Algunas de ellas tienen una fuerte inclinación sexual, mientras que otras tienen mayor interés en los placeres artísticos.

Es como si cada uno de nosotros tuviera dentro de sí una colección de personas con diferentes edades, temperamentos y talentos que cuando no están lastradas por el pasado o luchando entre sí, nos pueden servir de ayuda en cualquier actividad. Cuando existe una relación armónica entre nuestras familias internas, si un talento concreto es requerido, la parte que lo tenga ejercerá el papel protagónico mientras que las demás partes se retirarán. Yo he trabajado, por ejemplo, con figuras del deporte con el fin de ayudarles a encontrar aquella parte que fuera poseedora de una destreza atlética extraordinaria de modo que ésta esté en sus organismos de manera fiable y sistemática, y no sólo ocasionalmente, durante el rendimiento deportivo. Que mi propia parte deportiva sea tan eficaz se debe en parte a que no se preocupa de lo que los demás puedan pensar de mi rendimiento, lo que me permite entrar en el flujo de un juego con una ansiedad de rendimiento mínima. Tal impermeabilidad, sin embargo, no resulta útil cuando se trata de reconstruir mi relación con mi pareja tras una disputa. En tales circunstancias las cosas funcionan bien cuando pasan a primer plano aquellas partes mías que son sensibles al efecto que ellas producen en los demás a la vez que se aparta el tipo atlético e impermeable a la opinión de los demás

En condiciones ideales, nuestro Self está presente en todas las actividades e interacciones que realizamos, estando las partes correspondientes cercanas al Self, haciéndole sugerencias o amalgamando sus emociones o capacidades con éste o, incluso, tomando a veces posesión de nuestro cuerpo. En tal escenario ideal, cuando una parte asume el mando, lo hace más bien con la anuencia del Self que como una reacción automática de entrada en escena y de protección. Puede resultar divertido integrar plenamente partes lúdicas como también puede ser sanador el dar ocasionalmente plena expresión a las partes afligidas. De esta forma, una persona dirigida por el Self no estará desconectada del mundo, con sus emociones siempre en suspenso. Antes bien, dicha persona beberá de la fuente agridulce de la vida a la vez que mantiene un centro de ecuanimidad.

Si usted es como yo, es probable que se encuentre lejos de alcanzar tal ideal. Existen algunos contextos difíciles en los que casi siempre logro ser conducido por el Self mientras que en otras ocasiones, este liderazgo del Self es inconsecuente y existen, además, otras en las que pierdo generalmente el liderazgo del Self, como sucede cuando mi esposa se enfada conmigo. Su enojo actúa de disparador de diversas partes mías que están estancadas en diferentes etapas de mi infancia y que soportan una carga intensa de miedo, vergüenza, rabia y de odio a mí mismo. Cuando alguna de estas partes está molesta, puede llegar a inundar mi conciencia hasta el punto de que mi Self llega a quedar temporalmente oculto, llegando yo luego a pensar, sentir y actuar como esa parte. Estos son muy malos tiempos para mí ya que no logro ver más allá de la desesperanza y la perspectiva limitada que tienen estas partes y llegó a sentirme superado por sus emociones. Vuelvo a ser el niño que una vez fui, temeroso de las azotainas de mi padre o de las reprimendas de mi madre mientras me asiste la certeza de que la relación con cualquiera de ellos ha quedado destruida de manera irrecuperable. Me veo a mí mismo en un mar de sentimientos y no experimento mi "Yo" en la tormenta. Afortunadamente, como comentado previamente, desde que logré sanar algunas de las partes a mediados de la década de los '90, tales episodios ya no son tan largos como solían serlo y mi Self vuelve a emerger más rápidamente que antes a la superficie. Si bien las noches oscuras de mi alma son ahora más cortas, siguen resultando desagradables. Dependiendo de cuál sea la parte que toma el relevo, podré encerrarme en mí mismo y enfurruñarme o arremeter contra mi pareja mediante un contraataque verbal. En la vorágine de la rabia y el dolor, yo podía llegar a perder cualquier sentimiento de amor que hubiera tenido hacia ella y llegar a preguntarme qué había sido lo que me había unido a ella. De manera inevitable, mis partes dispararían aún más las suyas y la situación ya se escapaba de todo control.

Si tenemos en cuenta lo mucho que las partes pueden interferir en nuestras vidas y hacernos sentir mal, es lógico que queramos liberarnos de ellas. Resulta difícil encontrar el valor que pudiera tener una voz interior que está permanentemente reprendiéndonos o un miedo en el estómago que nos haga retroceder. El poder devastador que estas partes pueden tener sobre nosotros es tan grande que el impulso más natural es el de odiarlas y de luchar contra ellas. Y ello es cierto; en su estado actual, ellas son a menudo destructivas. Yo no le estoy pidiendo a usted que se resigne a su depresión o que aprenda a hacerle frente al racismo que usted tiene. Lo que le estoy sugiriendo es que si usted aprende a relacionarse con cualquiera de sus partes de una manera diferente, éstas se liberarán de sus cargas destructivas y podrán transformarse en algo valioso. Si bien, en un primer momento esto pudiera parecer difícil de creer, incluso en el caso de la más diabólica de todas ellas, se trata de una parte buena que se ha visto forzada a desempeñar un papel malo. Yo me siento como el Will Rogers de este fenómeno: Nunca me he encontrado con alguna parte que en última instancia, no me gustara. Y sí he conocido partes que eran efectivamente muy despreciables – algunas de ellas querían matar a mi cliente mientras que otras habían abusado de niños. Incluso estos demonios interiores manifiestos, cuando se les abordaba con una curiosidad imparcial, manifestaban los motivos por los cuales se habían visto forzados a adoptar tales papeles y la vergüenza que habían experimentado por lo que habían hecho. Incluso aquellas partes que habían llegado a desempeñar papeles tan extremos se transformaron finalmente.

Clientes sin lastres

¿Qué es lo que sucede con las personas una vez que comienzan a reorganizar su sistema interno y a conducirlo con su Self? Algunos clientes adquieren una nueva perspectiva de su vida y experimentan aquello que el poeta David Whyte llamaba una forma de "golpe interno". Se dan así cuenta del enorme precio que habían estado pagando por decisiones tomadas en el pasado que estaban basadas en el miedo que, en sus profesiones, estilos de vida o matrimonio, les había dejado poco espacio para su Self o para sus partes recientemente descubiertas. Estaban así, navegando con sus pasiones por aguas ignotas.

Para muchos otros clientes, en cambio, los cambios que se produjeron en sus vidas externas habían sido menos espectaculares. Habían logrado encontrar formas de enriquecer su vida o de darle un ritmo más pausado a la que ya llevaban. Añadían a sus vidas actividades creativas, contacto con la naturaleza, nuevas amistades o actividades de voluntariado basado en el servicio a otros a la vez que disminuían las actividades destinadas primordialmente a tranquilizarse o a distraerse de la vergüenza y el dolor que sentían. Con ello se volvieron menos obsesionados en lo referente a la obtención de logros, del dinero, los ordenadores, la administración del tiempo y la apariencia, desplazando su interés simplemente hacia el estar con otras personas o consigo mismos. Parecía ser que disponían en el presente de mejores amortiguadores que les permitía avanzar más fácilmente por los baches de esta vía pedregosa de la vida que antes les hacía tambalear.

En algunos casos, los clientes, antes que abandonar a parejas u ocupaciones a quienes responsabilizaban de sus perturbaciones, aprovecharon este trabajo interno para lograr una nueva valoración de la situación. Una vez que estos clientes hubieron escuchado internamente lo que ellos necesitaban realmente, la situación dejo de guardar relación con alguna esposa, trabajo o cuerpo nuevos. El mero hecho de abrazar a aquellas partes que habían quedado encalladas en los espesos bosques de su psiquis había sido capaz disipar las nubes que envolvían sus almas. En la medida en que iban siendo más capaces de aceptarse a sí mismos, se iban haciendo también más capaces de aceptar aquellas partes de sus parejas que se asemejaban a sus propios exiliados. Aquellas compulsiones y obsesiones de toda la vida comenzaron a evaporarse, comenzando ellos a sentir que estaban más presentes en sus vidas porque, literalmente, más de ellos estaba presente.

¿Qué es lo que significa estar más presente en la propia vida? Consideremos la anotación de entrada que aparece en el diario de una cliente. Holly Dunn es una progenitora única con un hijo, Josh, y dos hijas.

> El sábado por la noche Josh trajo a su amigo a pasar la noche en casa. Ellos me pidieron que los acompañara a montar en bicicleta en el parque. A mí me pareció bien- tenía ganas de hacerlo. Los tres nos montamos en nuestras bicicletas. Subimos por el gran cerro que nos conducía al parque para luego bajar al aparcamiento con la vista de enormes espacios y de pequeños cerros y valles. A lo largo de la tarde flotaron las sonrisas de los niños y las carcajadas. Por mis venas fluía una sensación apacible de satisfacción.
>
> Al día siguiente, Josh y yo fuimos al lago. Era un día caluroso, ideal para ir a nadar. Yo sostenía sus pies mientras el buceaba. Nadábamos en las aguas profundas del lago junto a las paredes de las canteras, uno detrás del otro, jugando de manera interminable a perseguirnos uno al otro. Todo mi ser estaba allí con Josh en el agua –no quería ni necesitaba nada más.
>
> El Lunes, Josh me pidió si podía tener su noche especial, noches que para él tienen mucho significado y respecto de las cuales yo creo que deberían haber más. Como sus hermanas no estaban, era el momento perfecto. Él pidió ir a Red Lobster, su lugar preferido. Al chico le encantan los centollos. Yo estaba preocupada por el dinero, pero decidí que él tendría la noche que quería tener. Él saboreó cada trozo de centolla que comió. Luego fuimos a ver Tarzán. Me encanta estar con

> él, complaciéndole. Tiene nueve años, pero sigue agarrándose de mi mano y dándome abrazos. Me encanta verle sonreír, cuando está feliz.
>
> Es probable que todo esto que cuento le parezca simple y corriente a otra persona. Pero, para mí, no lo es. Es lo que durante tanto tiempo he deseado tener, más que ninguna otra cosa. Deseaba que el amor hacia mis hijos fluyera de manera libre y espontánea- deseaba disfrutar de ellos, que el mero hecho de estar con ellos fuera divertido. Quería pasar tiempo junto a ellos, no porque fuera mi deber o mi obligación sino que por el auténtico disfrute que me suponía. Quería estar plenamente para ellos, sin distracciones ni preocupaciones. Y, aunque casi llegaba a sentir miedo de decirlo porque no cayera una maldición, está comenzando a suceder. Esta idea se introdujo subrepticiamente en mí mientras montaba en bicicleta y luego, al día siguiente, mientras nadábamos y, más tarde, en la noche especial de Josh. Estaba fluyendo tal como siempre lo había deseado – el amor y placer que sentía al estar con él resultaba tan natural como una lluvia suave y delicada.

Éstas no resultaban ser actividades nuevas para Holly. Lo que sí era nuevo era la ausencia de su gimoteo interno habitual de lo que ella debía hacer al día siguiente, o si lo que Josh estaba haciendo era malo o peligroso, o lo mala que era ella por no hacer esto más seguido, y así, un largo etcétera, como así también lo era la presencia de partes suyas a las que les encantaba jugar, sentir el placer de poner el cuerpo en movimiento y poder simplemente, estar con Josh. Es esa combinación -una ausencia de gimoteo y la presencia de aquellas partes nuestras antes exiliadas- , la que nos puede traer ese amor por la vida que tanto ansiamos.

La posibilidad de la bondad

El viaje de descubrimientos que emprendí con mis clientes me permitió alcanzar conclusiones sorprendentes respecto de lo que realmente somos. No sólo somos mucho más de lo que en esencia creemos ser, sino que, precisamente aquellos aspectos propios que nosotros habíamos considerado que demostraban nuestra falta de valía, constituyen en realidad, auténticos diamantes en bruto. Somos personas buenas de manera inherente, completamente.

Sólo tras años de ver cómo estos supuestos alentadores se iban validando una y otra vez pudo disminuir mi escepticismo, motivo por el cual no puedo esperar que usted acepte estas ideas solamente porque yo diga que son verdaderas. Nadie debe llegar a conclusiones en ningún sentido si previamente no ha hecho sus exploraciones internas propias. Como Buda decía:"No creas en la fuerza de las tradiciones, incluso aunque éstas hubieran sido honradas durante muchas generaciones y en muchos lugares; no creas en cosas sólo porque la gente habla de ellas; no creas en la fuerza de sabios de antiguos tiempos.....Tras haber investigado, cree en lo que tú hayas probado por ti mismo y comprobado que es razonable". Sin embargo, como en nuestra cultura las visiones que tenemos todos sobre la psiquis humana están lastradas de sesgos negativos, nos resulta difícil explorarla con una mente abierta, curiosa, de principiantes. Lo que pretendemos en este libro es nivelar el campo de juego de modo que, al explorar uno su mundo interior, pueda contemplar el sustituir las expectativas de alteraciones patológicas condicionadas culturalmente por la posibilidad de la bondad.

EJERCICIO

Conocer una parte

Déjese un tiempo libre y elija un lugar privado, cómodo. Luego seleccione una emoción, patrón de pensamiento o voz interior que le gustaría llegar a conocer. En las primeras fases de la exploración conviene que elija una respecto de la cual usted no tenga sentimientos muy extremos. Si precisa de ayuda para pensar en una de ellas, puede echar un vistazo a la lista de los ejercicios que aparece en el capítulo 1. Una vez hecha la elección, centre su atención en aquella voz, pensamiento o sentimiento y observe en qué lugar del cuerpo, o alrededor de él, se localiza. Si no logra encontrar una localización concreta, no tiene importancia, aunque si lo logra, le ayudará a centrar su atención en dicho lugar de su cuerpo cuando continúe con el ejercicio.

Observe qué es lo que siente hacia aquella parte de usted de la cual procede esa voz, pensamiento o sentimiento. Si siente alguna otra cosa además de curiosidad, aceptación o compasión hacia la parte considerada, encuentre aquellas otras partes que le están proporcionando tales sentimientos o creencias respecto de la parte original y vea si están dispuestas a confiar en usted y a hacerse a un lado. Si efectivamente se hacen a un lado y usted siente curiosidad hacia la parte original en cuestión, tómese un tiempo para estar con ella y esté atento a lo que podría estar dispuesta a compartir con usted.

Capítulo Cuatro

Exiliados, Directivos y Apagafuegos

Habrá notado que los clientes a los que he hecho referencia hasta el momento tendían a tener dos clases de partes-algunas protegían el sistema mientras que otras eran más vulnerables y necesitaban ser protegidas. En este capítulo presentaré un mapa que permitirá obtener una mejor comprensión de los diferentes tipos de partes que hay. Considerando que tanto las maneras en que hemos sido heridos como las formas en que hemos sido socializados se han producido de modo similar, nuestros sistemas internos también se han organizado formando patrones similares. Las partes protectoras suyas que se han visto forzadas a desempeñar determinados roles son similares a partes que yo también tengo. El hecho de que funcionemos de una forma determinada dependerá en gran medida de las diferencias que existan en los roles que desempeñen aquellas partes que dominan en nosotros. Yo tiendo a ser tímido, de modo que aquella parte de mí que se opone a que yo corra riesgos desde el punto de vista social, es poderosa. Me dice de manera permanente que voy a ser rechazado de modo que es mejor que no lo intente. Pero, por otro lado, también tengo una parte que le gusta estar con gente y que puede ser bastante extrovertida. Ante tal polarización, suele ser el pesimista tímido el que triunfa. Puede que usted sea el caso contrario, en el que la parte amistosa predomina sobre la pesimista, siendo considerado una persona extrovertida.

Visto desde esta perspectiva, cualquier clasificación de estilos de personalidad, bien sea el eneagrama, el manual de diagnóstico psiquiátrico DSM-IV, el indicador Myers-Briggs, o cualquier otro, representara una descripción de las formas en que las partes de las personas están organizadas.

En el mapa de IFS, a las partes protegidas se las llama exiliados porque representan a aquellas partes vulnerables que intentamos mantener encerradas en prisiones internas o paralizadas en el pasado. Existen dos tipos de partes destinadas, tanto a proteger a los exiliados como a defender el sistema frente a ellos que son los directivos y los apaga-fuegos. Comenzaremos con el comentario de los exiliados.

Exiliados

Piense en aquellos momentos de su vida en los que se sintió humillado, desolado, aterrorizado o abandonado. ¿Qué es lo que ha intentado hacer con los recuerdos, sensaciones y emociones relacionados con estos sucesos? Probablemente, al igual que la mayoría de las personas, habrá intentado olvidarlos -sepultarlos profundamente en su mente. Piense también en lo que las personas de su entorno le dijeron que hiciera al respecto. Nosotros, en nuestra condición de norteamericanos, hemos crecido en una de las culturas más competitivas que existen en el mundo. Viviendo en ella, hemos ido absorbiendo un gran desdén por la debilidad como también una gran impaciencia frente al dolor emocional. La mayoría de nosotros ha escuchado de familiares y de los amigos bien intencionados, diferentes versiones del mensaje: "Deja atrás el pasado – olvídalo". De modo que intentamos exiliar las repercusiones que los terribles hechos del pasado han tenido. Sin embargo, al actuar así, no sólo estamos exiliando recuerdos, sensaciones y emociones sino que, además, estamos enviando al exilio a aquellas partes de nosotros que más heridas han resultado por esos hechos. A menudo se trata de nuestras partes más sensibles, inocentes, abiertas, en pos de la intimidad que albergan características tales como la viveza, el espíritu lúdico, la espontaneidad, la creatividad y la alegría de vivir. Son estas partes las que, al ser tan sensibles y tan abiertas, acusan el impacto del trauma de manera más intensa y las que se quedan estancadas, soportando el peso de los recuerdos, sensaciones y emociones relacionadas con dichos sucesos. Se parecen a nuestro niño interior y, al igual que sucede con los niños traumatizados, los incidentes les cambian. En vez de ayudarles a sanar, empeoramos aún más la situación. Nosotros, como si tratara de niños dañados de nuestra familia que perturban nuestro hogar, que requieren de demasiados gastos o atención o que nos avergüenzan, intentamos dejarlos en el lugar en que sufrieron las heridas y seguir adelante. Cuando constatamos que siguen ganando terreno, las encerramos en el sótano de manera permanente y hacemos todo lo posible por olvidarlas.

No enviamos al exilio solamente a las partes traumatizadas. Piense en lo que supuso para usted crecer en su propia familia. Piense en qué medida partes de usted perturbaron su hogar o fueron causa de vergüenza para sus padres. ¿Cuáles eran las normas tácitas existentes en su familia en relación a la vivacidad y la espontaneidad, la rabia o la asertividad, la tristeza o el temor, la independencia y la autonomía? ¿En qué medida estaba su familia dominada por partes que querían dar buena impresión al exterior, obligándole a usted a adecuarse a una imagen determinada? Y, respecto de sus compañeros, ¿cómo trataban ellos a quienes no iban de "guai"? Dicho de otra manera ¿en cuántos problemas le pudieron meter algunas partes de usted y qué intentó usted hacer con aquellas partes?

Los norteamericanos, además de ser competitivos e intolerantes frente a los fallos, son muy conscientes de la imagen como críticos frente a quien tiene un aspecto o actúa de manera diferente. Son muchas las personas en nuestra cultura que sólo son capaces de manejar las emociones positivas de modo que estamos entrenados para enviar al exilio a aquellas que consideremos negativas. Y, así, prevalece el pensamiento positivo, pero ¿a qué precio? Cuando era joven, ¿qué partes había en usted que debió exiliar en aras de ser aceptado por los demás, tener "éxito" y ser positivo? La escritora Debbie Ford (1998) escribe sobre los mensajes que recibía en su familia:

> La mayoría de nosotros creció con la idea de que las personas tienen buenas y malas cualidades. Y, para poder ser aceptada por los demás, era necesario librarse de nuestras malas cualidades o, al menos, ocultarlas….A mí me decían:"No te enfades, no seas egoísta, no seas ruda, no seas codiciosa". Este mensaje de "No seas.." fue el mensaje que yo internalicé. Comencé a creer que era una mala persona porque a veces era ruda y a veces me enfadaba y a veces quería comerme yo sola todas las galletas. Llegué a creer que si quería sobrevivir, viviendo en mi familia y en el mundo, era necesario que yo me liberara de esos impulsos. Y así lo hice. Y los aparté tan lejos de mi conciencia que había olvidado que existían…..En esa época yo era adolescente y había encerrado a tanto de mí misma que me había convertido en una bomba de relojería ambulante. (págs. 4, 14)

Si usted piensa así a este respecto, resultará perturbador constatar cuántos recursos y cualidades maravillosas habrá cercenado usted de sí mismo y cuán limitada resultará ser su vida como consecuencia de ello. Y, sin embargo, es importante recordar que, desde la perspectiva de la psicología occidental, el exilio es perfectamente válido. Si tenemos sólo una mente y ésta está asolada por pensamientos o emociones preocupantes, ¿por qué no intentar liberarnos de ellos? Si a uno le perturba pensar sobre algo trágico, ¿por qué no entrenarse en no pensar en ello y pensar, en cambio, en algo que a uno lo haga sentir bien? Si efectivamente funcionara, esto sería lo que se debería hacer y, efectivamente, es posible que funcione pero, de manera limitada, al menos por un tiempo.

Sin embargo, ello funciona siempre y cuando uno esté dispuesto a ejercer una violencia sobre la propia psiquis y convertirse en una persona menos completa. De hecho, a la mayoría de nosotros no le importaría hacerlo ya que no conoce otra alternativa. Nos sentimos bien la mayor parte del tiempo y estamos sobreviviendo a la vida. Lo hacemos tan bien como la mayor parte de la gente que está en nuestro derredor. Es posible que presentemos síntomas físicos o emocionales pero que jamás los relacionaríamos con el consumo de energía que supone el hecho de suprimir grandes porciones de nuestra mente.

Temor de los exiliados

Resulta irónico constatar que una vez que se inicia el proceso de exilio, éste se refuerza a sí mismo. Estos exiliados, una vez encerrados, pueden poner en peligro el sistema o, al menos, deteriorar su capacidad de funcionamiento. De esta forma, usted se compromete aún más a no ir allí y a mantenerlos a raya. Una de mis clientes, que había sufrido de abusos sexuales graves cuando niña, describe de la siguiente forma lo que sintió cuando conoció a uno de sus exiliados:

> Ella tenía ansias de replegarse, de ocultarse pero no podía aventurar el menor de los movimientos. Cualquier impresión que diera de estar viva le animaría a él [al abusador] a seguir. De modo que ella se quedaba rígida, sólo las trazas externas de un cadáver vacío. Pero, por dentro, cada poro de ella estaba lleno de los ataques

> de la culpa y de la creciente vergüenza, cada célula como si estuviera reventando de aguas inmundas, negras, que no lograba controlar.

¿Quién querría volver a experimentar lo que aquella niña pequeña sintió? No debería de sorprendernos que, frente a alternativas tales como verse abrumado por este tipo de emociones o mantenerla encerrada, se tenga tantos exiliados.

Existen, además, otros motivos por los cuales temer a nuestros exiliados. Ellos determinan que sintamos y actuamos de acuerdo con maneras que los demás desprecian o por las cuales pueden aprovecharse de nosotros- ellas nos vuelven vulnerables, débiles, necesitados, tristes, retraídos o avergonzados. Algunos de ellos están tan desesperados por tener algo de amor que, por conseguirlo, serán capaces de conducirnos hacia relaciones dañinas o, de mantenernos en ellas.

Para los hombres, la vulnerabilidad es sinónimo de humillación instantánea. En nuestra cultura, ser un hombre supone ser capaz de aislar todo sentimiento herido que pudiera haber sin una queja. En un estudio realizado con estudiantes universitarias, los investigadores encontraron que cuando ellas revelaban a sus compañeras de habitación que se sentían deprimidas, recibían apoyo. Sin embargo, en el caso de los hombres, la misma revelación hecha a compañeros de habitación, generaba aislamiento u hostilidad. Parece ser que, al menos en el caso de los hombres, el temor a aparecer vulnerable está bien fundado. Recordemos la cita de Thoreau: "La gran masa de los hombres vive su vida en una desesperación silenciosa". No debería sorprendernos que los hombres mantengan su desesperación en silencio. El terapeuta familiar Terrence Real (1997) observa

> A los niños y a los hombres se les otorga privilegios y un estatus especial siempre y cuando den la espalda

> a su vulnerabilidad y se unan a la lucha. Aquellos que se resisten, como pueden ser los hombres poco convencionales o gays, son castigados por ello. Aquellos que pierden o que no son capaces de competir por tratarse de niños o adultos con discapacidades, o pertenecen a la clase equivocada o son de color, son marginados y considerados poco menos que invisibles…tanto los niños como los hombres viven día a día con un tipo de temor que en raras ocasiones logra ser aplacado. El paso es recto y el sendero estrecho. Un paso en falso y la caída es larga. El hombre que no triunfa es un perdedor. Y el costo de perder no es sólo el juego en cuestión; es el abandono (pág. 180).

La prisión solitaria y estoica en la que viven los hombres queda reflejada en el siguiente diálogo entre el periodista que investigaba el brutal asesinato de Matthew Shepard –el hombre que, en 1988, fue apaleado en Wyoming hasta quedar irreconocible, sólo por ser gay- y un amigo de los asesinos:

> "Si hablas de tus sentimientos, es que eres una nenazas". Brent Jones, un chico heterosexual que había ido al colegio con McKinney and Henderson [los asesinos], me estaba conduciendo por el terreno psíquico por el que transcurre la vida de un niño.
>
> "¿Qué es lo que haces entonces cuando hay cosas que duelen?"
>
> "Para eso creo Dios el whiskey, ¿no te parece? Te emborrachas como un cerdo y esperas a que se diluyan, o bien, te vas a casa y lloras".
>
> "¿Crees que eso es cierto para la mayoría de los chicos?".
>
> "Sí, en gran medida, sí".
>
> "De modo que en el fondo, todos sois unos

> nenazas y lo sabéis, aunque tampoco podéis dejar que otros lo sepan, si bien todos sabéis lo que sabéis".
>
> "Sí, se podría decir de esa forma
>
> "¿Podéis hablar de ello con las chicas?"
>
> "Sólo si se trata de una chica especial como sería el caso de la chica con la que te vas a casar, en cuyo caso la relación es tan profunda que no puedes evitarlo; de otra forma, no, porque si ella rompiera contigo, podría decírselo a otras personas y el rumor correría por ahí y luego todos pensarían que eres un nenazas. Y no te gustaría que los demás pensaran que eres un nenazas, salvo que efectivamente lo fueras y, si ya sabes que lo eres, dejará entonces de importarte" (Wypijewski, 1999, pp. 61–62)

Creo, como queda ilustrado en el estudio sobre estudiantes universitarios compañeros de habitación, que la presión que ejerce nuestra cultura para exiliar a nuestras partes vulnerables es mayor sobre los hombres que sobre las mujeres. Las mujeres, al ser socializadas, exilian otras partes como pueden ser la asertividad o el poder; sin embargo, en algunos niveles socioeconómicos parece ser que esto está cambiando. En ellas es más probable que las traumatizaciones que puedan sufrir sean debidas a agresiones sexuales, a abusos o a acoso pero a ello se añade, además, la cargas de sensación de inutilidad que la cultura del sexismo en que vivimos y que aún persiste, les ha impuesto.

De modo que tenemos buenas razones para temer a los exiliados. Ellos son capaces de arrastrarnos hacia agujeros negros de emociones o de recuerdos, interferir en nuestra capacidad de funcionamiento, llevarnos a establecer relaciones con personas dañinas o permanecer apegados a ellas, y a ser rechazados o humillados por quienes desprecian el ser vulnerable. No tendría sentido que nos dirigiéramos a ellos si finalmente resultara que seguirían siendo los mismos. Sin embargo, afortunadamente, su liberación del exilio forma parte de un proceso que permite devolverlos a sus estados vitales originales, de modo que sí vale la pena el esfuerzo. La mayoría de las personas, sin embargo, no confían demasiado en tal posibilidad por lo que tal idea resulta difícil de vender. A uno se le está pidiendo que se mueva en dirección del dolor que es precisamente lo contrario de lo que ha hecho toda la vida. Para algunos clientes, el hecho de aproximarse a sus exiliados ha sido la cosa más difícil y atemorizante que hubieran hecho jamás. En su libro The Drama of the Gifted Child, la psiquiatra suiza Alice Miller nos proporciona un ejemplo de ello cuando describe el encuentro con uno de sus exiliados:

> El niño interior...apareció.....tardíamente en mi vida, queriendo contarme su secreto. Ella se acercó a mí de manera muy dubitativa, hablándome primero en un lenguaje poco articulado pero luego, me cogió de la mano y me llevó hacia un territorio que toda mi vida había evitado por el miedo que me causaba. Y, sin embargo, tenía que ir allí, no podía seguir dándole la espalda ya que se trataba de un territorio que era mío, mi propio territorio. Era el lugar que había intentado olvidar durante años, el mismo lugar en que había abandonado a la niña que yo una vez fui. Allí tenía ella que estar, sola, con su conocimiento, esperando que finalmente alguien viniera y, al menos, la escuchara y la creyera. En este momento, de pié, junto a una puerta abierta, poco preparada, llena de los temores que un adulto puede tener de la oscuridad y de la amenaza que ha supuesto el pasado, yo era incapaz de cerrar la puerta y dejar nuevamente sola a la niña hasta mi muerte. Tomé, en cambio, la decisión que iba a cambiar mi vida profundamente; dejé que fuera la niña la que me condujera, puse mi confianza en ese ser casi autista que

> había logrado sobrevivir durante décadas al aislamiento. (Págs.24–25).

Este trabajo supone en ocasiones disponer de un gran valor. Supone que uno se dirige hacia aquello que uno ha estado evitando toda la vida. Es probable que, en el trayecto, se encuentre con las enormes resistencias que le presenten aquellas partes suyas que han luchado tanto por evitar precisamente a donde usted pretende ir.

La no valía –no valgo- y el terror a no sobrevivir

Los niños nacen con una gran necesidad de aprobación. Y existen buenas razones que lo avalan. Para gran parte de la existencia de nuestra especie ha sucedido que la mayor parte de los niños no lograban superar la infancia debido a las enfermedades sufridas o a complicaciones habidas en el parto como también por abandono o por abusos. Incluso en la actualidad, más de treinta millones de niños mueren cada año antes de haber cumplido los cinco años. Los niños son organismos de elevados costes de mantenimiento. Ellos precisan de una atención y cuidados continuos, permaneciendo dependientes de quienes les cuidan durante períodos más prolongados que lo que sucede en otras especies. En muchos lugares del mundo sucede hoy que si una familia dispone de escasos recursos, la supervivencia del niño o la niña en cuestión estará en función de cuánto le valoren sus padres. La desaprobación perceptible puede equivaler a la muerte.

Los niños nacen, en consecuencia, con el deseo predominante de ser valorados y experimentarán un intenso terror si perciben que no lo son. Lo que la gente suele llamar autoestima consiste más bien en tener una sensación de seguridad de que uno es valorado en su condición de niño y que, por tanto, podrá sobrevivir. Si parece ser que quienes te cuidan te quieren, es probable que lo logres; si no, puede que estés condenado.

Estos miedos iniciales en torno a la supervivencia remiten en cuanto el niño recibe mensajes claros y coherentes del valor que él o ella tiene para sus cuidadores y de la seguridad existente en su entorno. Un niño bien cuidado entrará tan fácilmente en el mundo como cuando es introducido en un baño caliente. Las partes de la personalidad del niño orientadas a garantizar la supervivencia se relajarán y le permitirán tener acceso a una vida interior rica, plena de sensaciones y recursos maravillosos. Cuanto más capaz sea el niño de intuir la existencia de este mundo interior, tanto más seguro se sentirá ya que, junto con percibir las partes creativa, aventurera y lúdica que posee, percibirá también quién realmente es detrás de todo ese miedo, es decir, el Self propio. La conciencia de la posesión de un Self similar al alma, como comentado anteriormente, nos proporciona una gracia trascendente, una sensación espontánea de estar en contacto con algo superior y el conocimiento de que somos amados desde dentro de nosotros mismos.

Dentro de la psicología existe un área conocida como teoría del apego que ha proporcionado un amplio cuerpo de investigación que ha permitido demostrar el poder que sobre nuestros sistemas de creencias y sobre la percepción que tenemos de la seguridad emocional que mantendremos de por vida, tienen las primeras interacciones que tenemos con nuestros cuidadores. De acuerdo con esta teoría, la naturaleza de los apegos que logremos establecer con nuestros padres podrá determinar cómo será nuestro comportamiento en las relaciones que vayamos creando a lo largo de nuestras vidas. Desde mi perspectiva, esto es así porque hay partes nuestras que se toman todo mensaje proveniente de alguno de nuestros cuidadores por el cual podamos percibir que no somos valorados, muy en serio por lo que, posteriormente, cargaremos con un sentido de inutilidad y con el terror a la supervivencia que lo acompaña

En nuestra cultura existen muchas formas a través de las

cuales podemos percibir mensajes de una escasa valía. El abuso y abandono manifiestos son dos de las formas más manifiestas de transmitir este mensaje a los niños, aunque existen muchas más. Así, por ejemplo, hay padres que han descubierto que puede resultar motivador para los niños el que les digan que no valen mucho. Las personas, cuando ven que lo que está en juego es su vida, se vuelven sumisas y trabajan duro.

De niños, mucho de mis clientes, hoy altamente exitosos, recibieron su dieta constante de vergüenza o, en el mejor de los casos, se cuestionó de manera deliberada su valía. Así, por ejemplo, son muchos los hombres que han manifestado que sus padres nunca les dijeron directamente que les querían y, en cambio, les dieron muchos motivos que ponían en entredicho su amor. De manera frecuente he escuchado historias de padres que estaban convencidos de que el hecho de mostrar un amor incondicional hacia sus hijos les estropearía, convirtiéndoles en blandos y complacientes. Muchos de estos hijos estaban tan dominados por este deseo de agradar que trabajaban de manera incesante, sacrificando todos los demás aspectos de su vida, con el fin de demostrar su valía ante sus padres y ante la sociedad

Las familias, a su vez, constituyen sistemas ecológicos con un equilibrio delicado y resulta prácticamente imposible que los padres no logren, ocasionalmente, evitar transmitir involuntariamente ese mensaje de falta de amor a sus hijos. El nacimiento de un nuevo hermano que súbitamente le sustrae a usted la atención que antes le prestaban sus padres y que usted no logra comprender por ser muy pequeño. Su padre se encuentra a punto de perder su puesto de trabajo y explota ante usted por una cosa nimia. Si los padres pudieran disponer de la oportunidad de darse cuenta de que han volcado sobre un hijo cargas de inutilidad, podrían reparar el daño hecho mediante una disculpa o un abrazo; sin embargo, en el mundo frenético en que hoy vivimos, mantener tal grado de conciencia resulta difícil. Como consecuencia de ello, la mayoría de nosotros salimos de nuestras familias soportando una considerable carga de inutilidad a la que luego se añadirá la que nuestra propia sociedad descargue sobre nosotros.

Ganar o ser un perdedor

En Estados Unidos, ya desde la educación preescolar, aprendemos a competir. Es necesario que ganemos para evitar ser considerado un perdedor que es, prácticamente, el peor de los insultos que existe en nuestra cultura. Recientemente vi una caricatura en la que aparece un padre, arrodillado delante de su joven hijo, cogiéndole por sus hombros, diciéndole:" Recuerda, hijo mío, no importa que ganes o pierdas salvo, claro, que quieras obtener el amor de Papá". Este padre sólo está diciendo en voz alta lo que muchos padres piensan, ya que son precisamente ellos mismos los que temen ser unos perdedores. Creencias tales como "Sólo valgo en la medida en que logro vencer a otros en exámenes, juegos o ascensos, o cuando tengo más dinero, más popularidad, más belleza o más cosas que mis compañeros" las hemos internalizado a tal punto que casi no somos conscientes de cuán frecuentemente pensamos en ellas. Incluso cuando estamos con amigos, hay partes nuestras que están comparando permanentemente nuestro estatus con el suyo, envidiando secretamente sus triunfos como celebrando sus fracasos, manteniendo un registro de ello. Respetaremos a nuestros amigos sólo en la medida en que otras personas consideren que son "cool".

Daré un ejemplo personal. Durante los primeros años de mi adolescencia era cohibido e inseguro como consecuencia de mi aspecto y de mi estatus. Era bajo, llevaba un aparato de ortodoncia y tenía acné y, como suele suceder con algunos chicos cuando llegan a la pubertad, mi nariz había crecido súbitamente hasta el extremo de llegar a ser el punto dominante de mi cara. Además, no me ayudó para nada el ser el único judío dentro de un grupo de amigos, todos ellos cristianos, ya que frecuentemente hacían bromas sobre los judíos, estando yo presente para luego decir: "Oh, lo siento, Schwartz". Yo estaba desesperado por ser popular e intentaba seriamente poder encajar dentro del grupo "cool" de chicos; sin embargo, el modo que tenían ellos de relacionarse entre sí consistía en humillarse el uno al otro. Se trataba más bien de una especie de juego de poder en el que si lograbas parar sus golpes, eras aceptado, pero si alguna vez olían sangre, te convertías en la diana de sus ataques verbales sádicos. A mí se me hería fácilmente por lo que no lograba mantener la presión y, a pesar de haber recibido magulladuras emocionales profundas, seguía volviendo a por más. Yo odiaba aquellas partes de mí que se sentían fácilmente heridas e intentaba enviarlas al exilio de modo que yo también pudiera "aguantarlo", como lo hacían los otros chicos. Los exiliados son a menudo víctimas de este tipo de doble o triple contratiempo. Resultan heridos por el trauma inicial, luego son atacados por sus partes protectoras por considerarlos débiles para finalmente, ser condenados a cadena perpetua y acabar encerrados en oscuras mazmorras.

Afortunadamente, antes de que mis partes sensibles se convirtieran en exiliados permanentes, me aparté de ese grupo pero, como contrapartida, me quedó un gran temor a ser capaz de abrirme lo suficiente a otros hombres como para poder establecer amistades estrechas. Me sentía como Woody Allen cuando decía que se sentía como un hemofílico en una fábrica de hojas de afeitar- cualquiera estaba en condiciones de provocarme una hemorragia que yo no podría parar. Pasé, por consiguiente, por un largo período durante el cual estuve sin amigos, sintiéndome constantemente como un perdedor de dimensiones monumentales aunque, ante la familia y los compañeros, simulaba que todo iba muy bien.

Esa sensación de ser un perdedor me ha atormentado toda

la vida, y afloraba desde las profundidades de mi psiquis cada vez que en mi vida social había períodos de sequía. He trabajado con tantos clientes que tenían cicatrices similares debidas a estos concursos competitivos de popularidad en los que se ha convertido la sociedad norteamericana que he llegado a la conclusión de que la mayoría de los norteamericanos van por ahí, albergando en el fondo de sus almas la creencia de que son unos perdedores. Nos pasamos la vida aterrorizados con la idea de que alguien pudiera ver lo que realmente somos mientras intentamos probarnos a nosotros mismos y a los demás lo que no somos.

El impulso hacia la redención

Las partes nuestras que se perciben a sí mismas como perdedoras y que piensan que son inútiles constituyen para la mayor parte de las personas el conjunto más temido de exiliados. Una de las razones para ello es que dichas partes están desesperadas por lograr redimirse. Están obsesionadas con la persona que les transmitió el mensaje de inutilidad para devolverles el mensaje. Es el motivo por el cual en muchas personas se produce un apego disfuncional hacia el progenitor abusador o hacia cualquiera que tenga el aspecto, se asemeje o actúe como él. Con ello se vuelven adictas a todo momento fugaz de aprobación, soportando enormes cantidades de humillación y explotación con tal de conseguirla.

En la misma medida en que se eleva el ánimo de nuestros exiliados cuando reciben el mensaje de que son amados, se abaten de forma igualmente dura cuando quienes perciben ellos como su redentor les retira su amor. Es como si cada uno de nosotros caminara con una trampa para osos invisible en nuestra pierna, buscando desesperadamente a quien tiene la llave que nos libere de ella. Nuestros exiliados creen que quien tiene la llave es la misma persona que la que inicialmente puso la trampa o bien, una réplica de ella. Desgraciadamente, estas personas llevan más de una de estas trampas, hecho que habitualmente pasamos por alto por el apuro que tenemos en liberarnos del dolor. Nuestros exiliados nos conducirán, entonces, hacia alguien que en ocasiones, nos hará sentir muy bien pero que, en otras, nos añadirá más trampas de oso, desesperándonos así aún más. Esta es la manera por la cual nos volvemos adictos a las personas que nos hacen daño. Nuestros exiliados ansían tanto el amor o la aprobación que les pudiera proporcionar un redentor designado que estarían dispuestos incluso a sufrir del abuso del que se acompaña (llegando, en ocasiones, a creer que se merecen dicho sufrimiento).

Para muchos de nosotros, el terror a la supervivencia y la sensación de inutilidad que algunos exiliados cargan consigo se han llegado a convertir en las fuerzas que gobiernan nuestras vidas, organizando la elección de parejas que hacemos y nuestra tendencia consumista a comprar y a acumular. El anhelo y la esperanza que tienen esas partes son tan poderosos que, incluso encerrados en sus mazmorras, ejercen desde ahí una poderosa influencia inconsciente sobre nuestras decisiones. Vivimos en el temor de que cualquier suceso pudiera activar esa percepción que tenemos de ser perdedores y, sin embargo, al igual que las polillas en torno a una llama, nos vemos atraídos de manera constante hacia personas o sucesos que pudieran liberarnos de dicho maleficio. Siempre que exista una esperanza de redención en el horizonte, esas partes estarán bien. Cuando sucede algo que pudiera apagar dicha esperanza, ¡ten cuidado!

El polvorín de emociones que nuestros exiliados llevan consigo puede en algunas temidas ocasiones, encenderse. Resulta ser que nuestro cúmulos subterráneos de dolor y de vergüenza, al igual que estuvieran cargados de gasolina, son combustibles. Existen determinados sucesos o interacciones que pueden, al igual que cerillas, encender el fuego de la emoción y amenazar con consumirnos. Aquellas cargas de terror, soledad, abandono, desesperación o inutilidad que nuestros exiliados han estado soportando por nosotros, las volvemos a experimentar. Si los exiliados en cuestión asumieran completamente el mando, nos veríamos totalmente incapacitados. Si estamos obsesionados y tenemos conductas regresivas, si somos incapaces de dormir o de concentrarnos o estamos permanentemente agitados o deprimidos, estaríamos propiciando un diagnóstico psiquiátrico. No somos capaces de trabajar y a veces, ni siquiera somos capaces de levantarnos de la cama. Esta es la peor de las pesadillas para nuestras partes protectoras. Es por este motivo por el cual ellas gastan tanta energía intentando mantener a nuestros exiliados en el exilio y a nuestro entorno libre de personas o de sucesos que pudieran activarlos. Es por este motivo por el cual nuestras partes protectoras construyen fortalezas alrededor nuestro. Esta noche oscura y fiera del alma es capaz de motivarnos para que busquemos nuevas formas de encerrar a nuestros exiliados- tapar las grietas de nuestra fortaleza y encontrar nuevas distracciones. O bien, si disponemos del suficiente coraje y ayuda, puede ocurrir que los sucesos que remueven nuestra fortaleza nos conduzcan a un nuevo nacer a través de la curación de nuestros exiliados.

Directivos

Llamo directivos a aquellas partes protectoras que son responsables de la seguridad en la vida diaria. Para muchos de nosotros, se trata de aquellas voces que más frecuentemente oímos hasta el punto de creer que esas voces o pensamientos somos nosotros mismos. En la medida que dependamos de sus opiniones, estrategias o juicios, nos sentiremos también limitados o molestos con ellos.

Los directivos son aquellas partes de usted que desean controlarlo todo. Ellos desean controlar tanto sus relaciones como su entorno de modo que usted pueda acceder a una posición en la cual nunca pueda ser humillado, abandonado, rechazado, atacado o pudiera sucederle cualquier otra cosa inesperada y dolorosa. Intentarán, por el mismo motivo, controlar su aspecto, rendimiento, emociones y pensamientos. En su esfuerzo por proporcionarle protección, estas partes adoptarán a menudo la filosofía de "nunca jamás" que adoptaron los judíos en relación con el Holocausto: "Yo no te permitiré que nunca jamás vuelvas a ser tan débil, necesitado, dependiente, abierto, confiado, feliz, dispuesto a correr riesgos, ...etc.".

Los directivos son aquellas partes que controlan de qué forma interactúa usted con los padres, jefes y otras personas de las cuales depende. Ellos rastrean la posible existencia de fisuras en sus máscaras de invulnerabilidad, amabilidad y perfección y le comparan de manera poco favorable respecto de los iconos culturales existentes o respecto de los vecinos de al lado o del siguiente despacho. Los directivos son los encargados de interpretar el mundo para usted y de crear las narraciones de acuerdo con las cuales usted vivirá. Serán, así, los autores y los encargados de poner en ejecución la historia que usted narrará de sí mismo que llamamos la identidad. De esta manera, crearán historias tales como "soy una persona agradable", "trabajo duro" y "soy muy fuerte", las cuales, por una parte, estarán basadas en la realimentación de información que reciben del mundo exterior pero que, por la otra, estarán destinadas a servir a sus propósitos de protección. Ello significa que una persona que habitualmente es agradable ha exiliado a sus partes iracundas, un trabajador duro no le otorga mucho de su tiempo a las partes lúdicas o que gustan de la intimidad y una persona fuerte mantiene ocultas a sus partes vulnerables. Los directivos crean también narrativas negativas con fines de protección similares. Si usted cree que, básicamente, usted es una persona no susceptible de ser amada o que es un perdedor, es probable que no corra muchos riesgos y así no sufrirá decepciones. Ellos pueden de igual forma controlarle, contando historias del mundo exterior tales como "los hombres son peligrosos" o "no se parte del supuesto de que la vida sea divertida". Los directivos son sus creadores de realidades. Es probable que usted haya llegado a identificarse a tal punto con algunos de los directivos que haya vivido toda su vida sin jamás cuestionarse dichas historias sobre usted y su mundo. No debería, por lo tanto, extrañarle que sólo tenga fugaces atisbos de quién es en realidad.

Muchas de las historias que los directivos cuentan sobre nosotros mismos proceden de nuestra familia o de nuestra cultura. Los directivos son los internalizadores del sistema- ellos abren la puerta de nuestra psiquis y dan la bienvenida a los valores de nuestro entorno. Como creen que nuestra supervivencia depende de la misericordia del mundo exterior, en un esfuerzo por lograr que nos comportemos adecuadamente, asumirán las voces de la autoridad. Así, por ejemplo, si uno se centrara en su crítico interno, es probable que éste tenga la voz, la imagen de uno de los progenitores o esté empleando las palabras que él emplearía cuando nos reprendía por no trabajar lo suficientemente duro o por no tener el aspecto adecuado. Esta parte nos evalúa también de acuerdo con los estándares existentes de belleza y de rendimiento, y estará continuamente señalando aquellas áreas en las cuales no estamos a la altura. Los directivos absorben en este sentido, las emociones y las creencias de las personas significativas y, en general, de la cultura en que viven. Son lo que algunas escuelas psicoterapéuticas denominan el "falso self" propio y a lo que algunas tradiciones espirituales aluden como "el ego que nos mantiene apegados al mundo". Pero, una vez más, constituye un error el pensar que, en su raíz, son lo que aparentemente parecen ser. Con el fin de tener más influencia, es probable que empleen la imagen o la voz de uno de los progenitores, pero se trata sólo de una máscara o de algún apoyo- y no lo que realmente son.

Para comprender mejor a los directivos, la mejor forma de hacerlo es concibiéndolos como aquellas partes que se esfuerzan por anticiparse a todo aquello que pudiera afectar a los exiliados. Si bien desean proteger a nuestros exiliados, también los desprecian por ser débiles o necesitados. Los directivos reprochan a estas partes vulnerables que podamos ser heridos. Ellos tienen un miedo tremendo a verse superados por el dolor o la vergüenza exiliadas. Al igual que los centinelas, están permanentemente en guardia frente a posibles sucesos que pudieran activar a los exiliados y estarán siempre pensando en estrategias que permitieran evitar tales sucesos. Desean cambiar el mundo de modo que éste sea más predecible y menos amenazador, pero también temen las consecuencias que acarrearía el hecho de que renunciaran al poder de que ellos disponen. Si equiparamos nuestra mente con un gobierno, los directivos serían la coalición de derechas que intenta mantener la ley y el orden en el país mientras que su política exterior estaría basada en una estrategia de dominio del mundo o, sino, de retirada de él. Somos muchos los que pensamos que gobiernan como una junta militar, oprimiendo a gran parte del resto de la población a la vez que temen constantemente que se produzca un golpe de estado.

Frecuentemente sentimos resentimiento hacia los directivos ya que, por ellos, experimentamos ese parloteo interno que nos impide concentrarnos, esas voces llenas de odio hacia nosotros mismos que nunca cejan, el miedo que nos refrena a la hora de establecer relaciones, el impulso que nos lleva a postergarnos a nosotros mismos en beneficio de los demás, el impulso hacia el logro de objetivos que agota nuestras energías, la sensación de ser víctimas que cansa a los demás, la sensación de ser titulares de derechos no otorgados que nos convierten en seres poco considerados, y así sucesivamente. Los directivos forman el sustrato de ruido que los dioses han colocado en nosotros para hacernos más difícil el aprendizaje del secreto de la felicidad. Sin embargo, cuando llegamos a conocerlos, nos damos cuenta de que generalmente son mucho más jóvenes de lo que aparentan y que están sobrecargados de responsabilidades y de temores. A ellos, al igual que le sucede a los niños con comportamiento como padres, se les escapa el problema de las manos y se vuelven, en consecuencia, rígidos y punitivos. Se sienten a menudo poco valorados y odian su trabajo, pero también piensan que alguien tiene que hacerlo. Siento una gran compasión y respeto por sus directivos y espero que usted lo haga.

He observado que, entre las personas, existen roles de directivos que son comunes. A continuación, presento varios de ellos de entre los más frecuentes. Comencemos con nuestros antiguos compañeros: los críticos.

Críticos: mandamases y buscadores de aprobación

Es probable que usted esté tan acostumbrado al flujo continuo de evaluación interna hecha por el self y por otros que, al igual que una banda sonora en su vida, la perciba como ruido de fondo. Cuando usted centra su atención por primera vez en dicho ruido, resulta a menudo sorprendente darse cuenta cuánto sigue usted lo que él le dice. Si usted se ha centrado en ello, es probable que haya observado que, atendiendo a los motivos que las guiaban, existían varias partes diferentes que usted podía diferenciar. Algunas partes eran mandamases que se sentían responsables de que usted trabajara duro y que tenían estándares elevados de rendimiento, a menudo inalcanzables. Ellos le comparan, con frecuencia de manera desfavorable, con otras personas de su entorno o que aparecen en los medios de difusión, arremetiendo contra usted cada vez que pudiera cometer un error. Utilizan, además, el mismo criterio y tácticas para motivar a otros.

Otros de los críticos son responsables de obtener la aprobación social, prestando atención a su aspecto y al modo en que usted se comporta con los demás. Ellos le mantendrán todo el tiempo frente al espejo o en la báscula, resaltando todas las imperfecciones de su cuerpo. Ellos controlarán cuán popular es usted y tendrán su propia forma de compararle a usted con los demás alrededor suyo. Estarán, además, evaluando constantemente el aspecto y popularidad de los otros.

Los mandamases y los buscadores de aprobación, al tener diferentes responsabilidades y agendas que permitan protegerle, entrarán a menudo en conflicto. Mientras que uno desea que usted avance de manera implacable, trabaje constantemente y haga saber a los otros cuánto le decepcionan, el otro desea que usted sea agradable con todos para que así le quieran, que no amenace a otros con sus logros y emplee su tiempo socializando con otros de modo que tenga la certeza de que tiene amistades. Este ejemplo nos devuelve al concepto de polarización. En relación con la mejor forma de dirigir a una persona existen entre las partes protectoras tantas polarizaciones naturales como pueden existirlas entre los políticos respecto de la manera de administrar un país. Ambas para críticas están a menudo polarizadas por un directivo diferente: el o la pesimista.

Pesimista

Cuando usted piensa en correr un riesgo, ¿qué es lo que pasa por su mente? Si usted es como yo, de inmediato se apoderará una voz (a veces un coro) pesimista y catastrofista del micrófono interior para intentar convencerle de lo contrario. Mi voz se acompaña a menudo de un intenso letargo y apatía. En cuanto comenzaba a tener una visión de un cambio, era, como lo expresaría el escritor Gregg Levoy (1997), como si "una horda de advertencias y mandamientos se pegaran a [la visión] como lo hacen los anticuerpos frente a una bacteria invasora" (pág. 219). Si yo seguía insistiendo en correr el riesgo, mi pesimista se convertía rápidamente en el crítico que socavaba mi confianza resaltando mis defectos a la vez que me recordaba todas las veces que, en el pasado, había fracasado o sido rechazado. La escritora Anne Lamott conoce a su parte pesimista y la llama "Bad Mind" (Mente mala). Cuando el coche sufrió una avería en medio del tráfico, ella escribió:

> Fue una pesadilla. Bad Mind se hizo notar. Bad Mind está esperando siempre este tipo de oportunidades:... "Ya te lo dije", me comenta. Me susurra que estoy condenada al fracaso porque soy una perdedora. Bad Mind sabe cómo inclinarse ligeramente hacia la paranoia. Me susurra "La mujer a la que le compraste el coche vuela en este momento a Irán, y estará celebrándolo" (pág. 109).

Los pesimistas son a menudo el objeto de nuestro odio ya que representan obstáculos auténticos en nuestro camino hacia el éxito y la felicidad. Resulta fácil pasar por alto la naturaleza protectora que tiene esta parte. Si Lamott se hubiera dirigido a Bad Mind con compasión y le hubiera planteado preguntas al respecto, se habría dado cuenta de que nada se correspondía con lo que ella pensaba. Como he tenido innumerables conversaciones con mi propia parte pesimista y con las de mis clientes, yo habría esperado que su diálogo interno hubiera sido más o menos como el que sigue:

LAMOTT: ¿Por qué estás siempre llamándome de todo, haciendo que me sienta mal?

BAD MIND: Porque eres una perdedora- cometes tantos errores y las cosas malas siempre te ocurren a ti.

LAMOTT: Sí, a veces lo estropeo todo. Tal vez debí haber buscado más antes de decidirme por éste. Pero tampoco hace falta que me lo restriegues todo el tiempo. ¿Qué es lo que temes si no lo hicieras?

BAD MIND: Si no lo hiciera, tú seguirías estropeando las cosas aún más. Y seguirías sintiéndote decepcionada.

LAMOTT: ¿De modo que estás protegiéndome frente a la decepción?

BAD MIND: Exactamente. Haces tantas cosas imprudentes y te haces daño a ti misma.

LAMOTT: ¿De adónde te sacaste la idea de que soy una perdedora?

BAD MIND: De mamá que te llamaba vaga, y de los chicos que te rechazaban en el colegio.

Muchas de las personas diagnosticadas de depresión están dominadas por la parte pesimista. Si, para evitar ser herido, es necesario que la parte decida callarnos, ello nos convertirá en apáticos, indiferentes, desesperados e inútiles. En el desempeño de tal rol, no sólo será eficaz manteniéndonos paralizados sino que, además, mantendrá tapadas las partes más duras y agudas de nuestros exiliados.

Cuidadoras

Si bien nuestra cultura socializa a los hombres para que en ellos predomine el directivo esforzado, autónomo, a muchas mujeres se les sigue educando para que sean lideradas por sus partes cuidadoras. Estas son las partes que se hacen responsables del bienestar de todos aquellos que estén a su alrededor, situándoles en su lista interna de prioridades, incluso por encima de su propio bienestar. Son las partes que están constantemente preocupadas de cómo lo se encuentran los demás, las que están dispuestas a soportar una carga mayor de trabajo de la que les corresponde, las que están dispuestas a sacrificar su tiempo libre con el fin de cuidar de otros y hacer que las personas se vuelvan dependientes de uno. A menudo creen que los demás son más valiosos que uno y si no hacen algo por los demás, nadie les querrá. Las partes cuidadoras tienen la tendencia a establecer unas relaciones por las cuales la pareja o los hijos se vuelven dependientes de uno pero que, a la vez, se aprovechan, nos explotan y no nos respetan.

Víctima

He encontrado que, en mis clientes y en mí, existe una parte capaz de distorsionar y de magnificar cualquier pequeña falta hasta el punto de sentirnos víctimas y, por ende, convertirnos en tributarios de la mayor de las compensaciones. Cuando mi esposa hería mis sentimientos, esta parte tomaba el relevo y no sólo exigía que ella se disculpara sino que, además, escuchara cada detalle de la forma en que yo había sido herido por ella y que, junto con ello, prometiera que jamás volvería a hacer nada semejante. Las acciones hirientes de mi mujer, junto con todas las demás cosas que ella y otra gente me habían hecho, pasaban a un registro que esa parte mantenía, lo que me permitía tanto recordar yo como recordarle a ella las cosas que me había hecho. Esta parte como víctima serviría, además, de excusa para las cosas hirientes que yo pudiera hacer en lo sucesivo, aduciendo para ello que tenía que hacerlo por lo que ya me había sucedido a mí y me daría, además, el derecho de reclamar, como compensación, poder disponer de mayores recursos o de trabajar menos. Precisamente de esta parte como víctima es de la cual se quejan las otras personas cuando comentan con desdén: "Sólo estás sintiendo lástima de ti mismo". Desgraciadamente, este mensaje ha impregnado nuestra cultura a tal punto que ha llegado a impedir que pudiéramos sentir alguna compasión por cualquiera de nuestras partes.

Partes como el Self

En muchas ocasiones he observado que, trabajando con clientes, éstos, a través del proceso con IFS, se movían hacia un estado en el que parecía ser que incorporaban diversas cualidades del Self y, sin embargo, el trabajo no fluía. Si bien daban la impresión de tener curiosidad e interés por sus partes o sus parejas, cuando les escuchaba con mayor detenimiento, me daba cuenta que, detrás de sus palabras o acciones, existía una sutil agenda oculta. Así, por ejemplo, en una sesión con una pareja, en que la mujer estaba muy enfadada con su marido mientras que él parecía ser muy razonable y receptivo a lo que ella decía, daba la impresión de que él se encontraba en su Self mientras que ella ejercía la parte de víctima. Sin embargo, según prestaba más atención al tono de su voz y a sus palabras, pude darme cuenta de que la conformidad era aparente, que existía un distanciamiento protector y una ligera condescendencia. En otras palabras, aunque parecía ser cariñoso, su corazón no estaba abierto y estaba, en cambio, empleando esta parte razonable para dar la imagen de que estaban "juntos". Mientras trabajaba con su mundo interno, pude observar que esta misma parte que imitaba al Self podría interactuar con las otras partes suyas, confundiéndome el hecho de que éstas no respondieran de la misma forma que lo hacían las partes de la mayoría de las personas ante la presencia del Self. Tardé un tiempo en identificar a dicha parte como una parte que imitaba (más que ser) su Self porque yo mismo tengo una con la que estuve identificado estrechamente.

Al ser tan parecido al Self, la parte como este es para muchas personas el protector que más difícil resulta de identificar. La única manera que tengo yo para detectarlo en mí mismo es comprobando cuán abierto está mi corazón u observando si tengo un plan a seguir mientras estoy interactuando con otras personas.

Existen muchos otros directivos típicos y puede que algunos sean únicos para usted. Al ser tan limitantes los directivos, a menudo tenemos una relación de amor/odio hacia ellos, como puede suceder con algún padre, jefe o esposo dominantes. Nos resulta molesto cuánto nos critican algunos de ellos o cómo otros nos mantienen paralizados o cohibidos. Nos gustaría deshacernos de ellos y poder por fin sentirnos libres. Pero, al mismo tiempo, dependemos de su dirección y protección. Para muchos de nosotros, estos directivos han estado siempre en nuestras vidas y una perspectiva de vida sin todo ese parloteo y tensión interna nos resultaría extraña y amenazadora. "Si no me llamara a mí mismo vago y estúpido, probablemente no trabajaría tan duro". "Si no me preocupara antes de los demás que de mí mismo, tal vez nadie me querría". "Si permitiera que la gente viera quién realmente soy, probablemente me rechazarían". Esas partes nos han llevado hasta este punto de modo que ¿por qué correr riesgos? Además, si se extinguiera todo el ruido interno o la actividad externa, es probable que pudiéramos ser arrastrados hacia el desesperado mundo de los exiliados.

Para relacionarse de manera eficaz con los directivos, es importante valorar las responsabilidades que ellos deben desempeñar, el estrés constante al que están sometidos y los sacrificios que deben realizar para poder protegernos. Una de las mayores fuentes del sufrimiento humano ha sido el desconocimiento de la naturaleza de las partes. Luchamos contra los directivos y maldecimos su existencia porque algunos de ellos hacen cosas que obstaculizan nuestro pleno disfrute de la vida. Terapeutas bien intencionados de todo tipo nos animan a hacer frente a estos matones internos, prescindir de las voces de cuidadores "co-dependientes", rebelarnos frente a ese impulso que nos llevaría hacia la perfección y exorcizar a nuestros intolerantes partes internas. Ellos nos proporcionan afirmaciones que nos permiten refutar a nuestros críticos internos y sus interpretaciones de los hechos, corrigiendo sus creencias irracionales.

La lucha frente a los directivos limitantes tendría sentido y sería el camino adecuado si funcionara. Pero no lo hace ya que se basa en una premisa incorrecta: la de que las partes serían el rol que representan, es decir, que "los libros son sus cubiertas." Cuando uno aprende a conocerlos, observará que la mayoría de los directivos odian los papeles que desempeñan y que son mucho más que sus roles. Nunca he encontrado una parte que fuera exclusivamente mala o destructiva y he trabajado con casos de individuos que eran agresores sexuales o cometían otro tipo de actos perversos. Emerson decía: "¿Y qué es una mala hierba? Es una planta cuyas virtudes aún no han sido descubiertas" Cuando parece ser que nuestras partes son maleza que es necesario arrancar, es porque no nos hemos tomado el tiempo necesario para conocerlas. El poeta Rainer Maria Rilke (1984) sabía de este tema cuando, aconsejando a un joven poeta abrumado por sus dudas autocríticas, le manifestaba que si dejaba de luchar contra ellas… "llegará el día en que, en vez de ser destructivas, se convertirían en uno de sus mejores colaboradores- tal vez el más inteligente de todos los que están contribuyendo a construir su vida" (pág. 102).

Algunos directivos sufren el proceso contrario: nos gustan demasiado. Al igual que sucede con los niños con comportamientos como padres, les sobrecargamos con responsabilidades y con poder. Yo he trabajado con muchos hombres que, por ejemplo, en la toma de decisiones, dependían de sus partes intelectuales, aquellas que solucionaban los problemas. Aunque parecía ser que estas partes ponderaban racionalmente todos los datos a su disposición, en sus decisiones finales preferían aquel sendero seguro y estrecho sobre aquello que involucrara intimidad o emociones. Nuestra cultura premia y reconoce a estos "Sr. Spock" internos porque ellos son capaces de construir puentes colgantes o crear negocios en Internet, de modo que la confianza que depositamos en ellos aumenta de manera creciente. Dejamos entonces que estas partes pongan distancia entre nosotros mismos y nuestros sentimientos más aventureros, amantes de la intimidad y la alegría de vivir.

El punto que conviene subrayar en este tema sobre directivos es que ellos dan lo mejor de sí para mantenernos a salvo y, para la mayoría de nosotros, su tarea no es fácil. Venimos a un mundo lleno de peligros reales- enfermedades, pobreza, crímenes, discriminación, opresión – y, dependiendo de nuestra historia familiar y de la historia de nuestra cultura, recibimos como legados algunos temores adicionales más. A lo largo de nuestra infancia hemos experimentando rechazos, abandono, traición y humillaciones en grados diversos. Todo ello ha determinado que perdiéramos confianza en nuestro liderazgo interno, natural - nuestro Self. En los momentos terribles o traumáticos de nuestro pasado, fueron los directivos los que asumieron la función, comprometiéndose a no permitir que lo sucedido se repitiera. Ellos habían visto lo difícil que resultaba sobrevivir en el mundo y decidieron modelarnos de la forma más aceptable posible. Se dieron cuenta de lo devastadoras que podían ser las emociones que soportaban los exiliados y se comprometieron a mantenernos a salvo. En cierto modo, ellos sacrificaron el poder disfrutar de la vida para así poder proteger el resto del sistema.

Apagafuegos

Independientemente de lo duro que nuestros directivos pudieran trabajar para construirnos una fortaleza `protectora en torno nuestro y de controlarnos a nosotros, a nuestras relaciones y a los sucesos que ocurren en el mundo, siempre habrá ocasiones en las que el mundo logre penetrar a través de nuestras barreras defensivas y activar a nuestros exiliados. Por las razones antes expuestas, se trata de un estado altamente amenazador. Puede ser como el pánico que se desencadena ante la alarma roja de un reactor nuclear- es como si fuera a producirse una fusión nuclear. Todos disponemos de partes que entran en acción en ese momento para apagar el fuego, por lo que les llamo apagafuegos.

Puede que el término empleado para designar a este grupo de partes resulte algo extraño ya que, de diversas formas, son los que encenderían el fuego que crea las crisis en nuestras vidas. Sin embargo, yo las llamo apagafuegos porque con ello podemos mantener la atención sobre la naturaleza protectora que ellas tienen, incluso aunque se trate de las cosas destructivas que pudieran hacer. Los apagafuegos hacen lo que haga falta para sacarnos del estado de alerta roja.

¿Cuál es el primer impulso que usted tiene cuando comienza a sentir la desesperante quemazón de la herida, el vacío, la inutilidad, la vergüenza, el rechazo, la soledad o el miedo? ¿Qué impulso permite que actúe para poder quitarse ese fuego de las entrañas? ¿Sobre qué impulsos se limita a fantasear? Muchos de nosotros, en un compromiso con los directivos, nos embarcamos en algo que sea socialmente aceptable –trabajo, comida, ejercicio, televisión, compras, dieta, ligues, dormir, medicamentos con receta médica, cigarrillos, café, soñar despierto y fantasear, juegos de azar, meditación o actividades de riesgo – para así distraernos mientras esperamos a que se consuman o sean apagadas. Si nuestros esfuerzos no tienen éxito, los apagafuegos recurrirán entonces a medios más drásticos y menos aceptables como pueden ser las drogas ilegales, el alcohol, la ideación suicida o el suicidio, la furia, actos de dominación, la automutilación, la actividad sexual compulsiva, las aventuras secretas, robar o el sometimiento a relaciones punitivas. Muchos de mis clientes recurrían directamente a la segunda de las listas ya que, a lo largo de los años, sus apagafuegos habían observado que la primera lista no servía de mucho para apagar las llamas de la emoción. Los apagafuegos recurrirán prácticamente a cualquier pensamiento, actividad o sustancia, siempre y cuando éstos funcionen.

Algunas personas consideran que los apagafuegos utilizan el cuerpo. Tanto el dolor como la enfermedad súbitas pueden constituir distracciones efectivas. Los apagafuegos pueden amplificar el dolor físico o la enfermedad ya existentes, disminuir las resistencias frente a bacterias o virus o activar botones fisiológicos que ponen en marcha alteraciones l genéticas. Visto desde esta perspectiva, el concepto dualista según el cual todo estaría en nuestra cabeza o bien, se trataría de un fenómeno bioquímico, supone establecer una dicotomía innecesaria en la relación estrechamente entretejida que existe entre el cuerpo y la mente. Nuestras partes afectan profundamente a nuestra fisiología y viceversa. El modo en que tratemos a nuestros cuerpos -qué comemos, cuánto dormimos, cuánto ejercicio practicamos, cuánto trabajamos, bailamos, meditamos o recibimos masajes- tendrá una fuerte influencia sobre cuán calmadas o perturbadas estén las diferentes partes.

Otro grupo de apagafuegos propicia la retirada impulsiva. Si perciben que de manera inminente, se va a producir el rechazo, los apagafuegos nos harán salir corriendo o que apartemos a quien potencialmente pudiera rechazarnos. A menudo no somos conscientes de su trabajo; sólo somos conscientes del impulso que nos hace irnos de ahí o de arremeter contra el otro. Los apagafuegos pueden determinar que, ante una situación amenazadora, deseemos huir de una habitación o que nos sintamos somnolientos, confundidos, mareados o embotados. He tenido clientes que, en la medida en que nos íbamos acercando a los exiliados, súbitamente comenzaban a sentirse somnolientos, la mente en blanco o sufriendo vértigo.

La imagen que tengo de un apagafuegos es la de un chico o chica, adolescente, a cargo de un bebé que grita, dónde nada de lo que ellos pudieran hacer, sirve de algo. La niñera intentará introducir algo en la boca del bebé que permita calmarlo (por ejemplo, comida, drogas o alcohol), intentará desesperadamente encontrar a alguien que cuide de él (ligues o aventuras) o buscará alguna distracción para sí misma y para otra persona hasta que el bebé deje de llorar (televisión, meditación o compras). Si nada de ello funcionara, es probable que la adolescente frustrada meta al bebé en un armario que tape sus llantos, esperando que finalmente se quede dormido. Esta imagen permite transmitir la compasión que he llegado a sentir por sus apagafuegos. Ellos tienen un trabajo que es terrible y a menudo son odiados y se ven atacados por sus directivos como también por las personas de su entorno.

De modo que tanto sus directivos como sus apagafuegos están intentando proteger su sistema, aunque siguiendo direcciones opuestas. Los directivos desempeñan una función preventiva- ellos intentan tanto anticiparse a cualquier cosa que pudiera perturbar a los exiliados como controlar su entorno de modo que usted esté a salvo. La mayoría de los directivos están preocupados, además, por complacer a las personas. Los apagafuegos son reactivos -en cuanto se perturba a los exiliados y se enciende el fuego, ellos entran frenéticamente en acción. La propia urgencia hace que éstos actúen de manera impulsiva, no preocupándose por las consecuencias que pudiera haber. Por ellos tendrá usted frecuentemente la sensación de haber perdido el control como también resultarán desagradables a los demás. Estas son las partes que determinan que usted se vuelva obeso, adicto, hostil, taimado, enfermo, insensible y compulsivo. Son, precisamente, las partes a las que se refería el apóstol San Pablo cuando decía: "No entiendo por qué hago lo que hago; porque no hago lo que quisiera hacer y, en cambio, hago lo que odio" (Romanos, 7:15). Aún cuando los apagafuegos, al igual que los directivos, estén intentando protegernos, aunque de diferente manera, suele suceder que los directivos, al igual que ocurría con Pablo, odien a menudo a los apagafuegos. Los apagafuegos, por su parte, se rebelan frecuentemente contra los directivos por la vergüenza que éstos apilan sobre ellos al aumentar el carácter destructivo que tendrían sus actividades.

A la mayoría de las personas le resulta muy difícil creer que los impulsos destructivos puedan proceder de partes sanas que están desempeñando papeles extremos, negativos. Yo he trabajado con partes en apariencia extremadamente malas de clientes que eran delincuentes sexuales, niños con trastornos de conducta y supervivientes de abusos sexuales- partes que decían que ellas eran el mismo demonio, que querían matarme, que habían abusado sexualmente de niñas pequeñas, que atacaban a personas en la calle al azar o que recreaban abusos sufridos en el pasado en la vida de la persona.

Todas estas partes tenían historias parecidas que contar. En todos los casos se trataba de partes con comportamientos extremos, malos pero, que antes fueron sanas. Algunos eran héroes, de una manera extraña. El motivo por el cual acarreaban tanta rabia o tanta energía sexual era que, cuando la persona había sufrido el abuso, habían sido ellas quienes habían soportado el peso por el resto del sistema. Ellas, al igual que los agentes del servicio secreto saltando sobre el presidente para protegerle de un asesino, se habían sacrificado a sí mismas y protegido a mi cliente, quedándose presentes durante el abuso mientras que a las otras partes se les permitía marcharse. Ellas absorbieron, en consecuencia, cantidades tóxicas de la energía del abusador. Esa energía las condujo a actuar de una manera que a ellas mismas no les gustaba. Yo he trabajado lo suficiente con delincuentes sexuales como para saber la carga de dolor y de vergüenza exiliadas que llevan soportando desde sus infancias, lastradas de abusos, abandono y pérdidas. Como Wordsworth Longfellow dijo: "Si pudiéramos leer la historia secreta de nuestros enemigos, nos encontraríamos con que, en la vida de cada uno de ellos, ha habido la suficiente aflicción y sufrimiento como para deponer toda hostilidad".

Cuando son los apagafuegos quienes asumen el mando, puede que tengamos la impresión de estar poseídos por algo que está fuera de nuestro control, por lo que se les convierte fácilmente en objetos de demonización. De esta forma, comienza el círculo vicioso interminable de reflejar a aquél que se encuentra entre Dios y Satanás. Al igual que el niño marginado de su familia, la parte se siente herida, avergonzada y furiosa. Como resultado, se volverá más radical y rebelde y se esforzará aún más en tomar el control. Los directivos justos, a su vez, intentarán eliminarla. Tras varias tandas de sentimientos atacados, algunos apagafuegos, al igual que algunos niños, comenzarán a tener fantasías respecto de cómo destruir el sistema, volviéndose peligrosos. Sin embargo, mi experiencia ha sido que si se invierte el ciclo y se les trata con respeto y compasión, incluso aquellos apagafuegos que aparentemente estarían inclinados hacia el mal, abandonarían rápidamente sus máscaras destructivas.

Es importante recordar, sin embargo, que, al margen de cuán compasivamente trate usted a sus apagafuegos, en la medida que exista un fuego por apagar, ellos no estarán en condiciones de cambiar. Dicho con otras palabras, sus apagafuegos seguirán obedeciendo a sus mismos antiguos impulsos mientras los exiliados que ellos protegen o que distraen de usted, necesiten ser sanados. Hay que tener también en cuenta que no todos los apagafuegos son tan destructivos o radicales como los expuestos anteriormente. Entre los míos propios hay partes que me hacen estar trabajando todo el tiempo, que me hacen tener ganas de comer grasas o azúcares, y de ansias de distracciones sin sentido. Al estar estos apagafuegos tan extendidos y ser normales en nuestra cultura, apenas me doy cuenta de su presencia hasta el momento en que me encuentro frente al ordenador, al frigorífico o al televisor. Si uno se detiene a pensar, existe un importante sector de la economía de EE.UU que está orientado a proporcionar actividades, sustancias y bienes que están destinados a ayudar a los apagafuegos en su actividad distractora y de embotamiento. Ellos nos ayudan a evitar tomar conciencia del dolor existente en nuestro país y en nosotros mismos. Si los norteamericanos lográramos sanar a nuestros exiliados, es probable que se produjera una caída de la Bolsa aunque no lograríamos aguantar los tipos de desequilibrios que ya existen en nuestro país ni tampoco a los políticos que exacerban dichos desequilibrios.

No más apagafuegos, ni directivos, ni exiliados

Los apagafuegos nos apartan de esta forma lejos de nuestro estado del Self integrado, centrado en el presente. Sin embargo, la buena noticia es que los apagafuegos, una vez liberados de sus papeles extremos, se transforman a menudo en nuestras partes más vivas, alegres y resilientes. Ellos se comprometerán de manera apasionada con la vida, pudiendo llegar a ser poderosos motivadores. Piense en lo que sería su vida si toda la energía que usted gasta, por ejemplo, en estar enfadado por lo que otros le han hecho a usted o en estar soñando despierto de manera obsesiva con su alma gemela ausente, estuviera a su disposición en el momento presente y pudiera canalizarla hacia el pleno disfrute de lo que esté haciendo en este momento. ¿Qué pasaría si la fuerza de la compulsión a comer en exceso se convirtiera en una confianza y en un enfoque que le ayudara a conectarse con las personas? Aunque parezca difícil de creerlo, tales transformaciones sí son posibles ya que las partes son mucho más que los papeles que se han visto obligadas a desempeñar.

Estos tres grupos de roles que desempeñan las partes (exiliados, directivos y apagafuegos) existen por todo el dolor y vergüenza que usted ha ido acumulando a lo largo de su vida y por la manera en que se le enseñó a afrontarlos. Como no sabía cómo manejar ese dolor y esa vergüenza, no tuvo otra alternativa que exiliarlos, lo que condujo a la necesidad de disponer de todos estos protectores. Estos tres grupos están polarizados de forma tal que si uno de ellos asumiera el control, como teme que si le diera acceso a usted a otras de las partes, usted podría hacer o pensar algo que pudiera resultar peligroso, intentará controlar la experiencia que usted está teniendo. Al funcionar su sistema interno de esta forma, la experiencia que usted tenga del mundo se verá empobrecida. Así, por ejemplo, muchas personas que están dominadas por sus directivos viven vidas anodinas que discurren planificando su propia seguridad. Quienes estén secuestrados por sus apagafuegos tendrán sus mentes en constante agitación ya que, por temor a que los exiliados recuperen terreno, se mueven sin parar, de una distracción en otra. Cuando son los exiliados quienes han asumido el mando, vivirán las personas en estados agudos y aparentemente regresivos de temor, tristeza o vergüenza de manera constante. Quienes estén dominados por un grupo único de partes, al estar presente sólo una fracción pequeña y extrema de ellos, exhibirán una actitud de rigidez y de estrechez de miras.

En la medida en que uno vaya accediendo a los recursos sanadores innatos que posee el Self y haciendo uso de ellos, irá uno comprobando gradualmente que ya no tiene directivos ni exiliados ni apagafuegos. Con ello no queremos decir que sus partes desaparecieran, sino que simplemente adoptan el papel que ellas prefieren. Según vaya sucediendo, usted no sólo se sentirá más integrado y sólido sino que, dispondrá de una amplia gama de emociones y expresiones. Cuando la vida se vuelva turbulenta, percibirá usted la paz profunda de su Self que se encuentra por debajo de las olas sobre las cuales navegan sus partes. Usted será el "Yo" en la tormenta y podrá, desde esa posición centrada, calmar a sus partes y a las personas de su alrededor. Las partes, al no tener ya que soportar cargas de miedo, vergüenza, furia, desesperación y así sucesivamente, se llevarán bien entre sí, se fiarán del liderazgo de su Self y desempeñarán el rol de su predilección. Ellas se convertirán en aliados y consejeros suyos, dándole perspectivas y pasiones diferentes frente a la experiencia centrada en el presente que usted está teniendo. En este estado de las cosas, las situaciones que desencadenaban en usted respuestas automáticas perderán la carga que tenían y usted podrá romper con aquellos patrones relacionados con el trabajo, las relaciones íntimas, su cuerpo, creatividad y más que había mantenido toda su vida.

Así, por ejemplo, yo tenía un cliente a quien llamaremos Brett, que estaba dominado por unos apagafuegos mujeriegos con el derecho a estar en constante rastreo en pos de nuevas conquistas. Él tenía un largo historial de encaprichamiento con mujeres que, una vez seducidas, eran abandonadas poco después por haber perdido el interés en ellas, procediendo luego a buscar una sustituta. Finalmente logra conocer a una mujer a la cual amaba realmente; sin embargo, a pesar de tener las mejores intenciones en este sentido, se repetía lo mismo que con las anteriores Cuando le preguntaba por su experiencia sexual, me comentaba que tampoco disfrutaba tanto del acto sexual en sí. Se trataba más bien de una liberación de tensiones- la emoción estaba en la caza. Consultada la parte a cargo de este patrón de comportamiento, reveló ésta que temía sentirse una inútil si no lograba conseguir más mujeres. Él padecía de aquel síndrome que Groucho Marx resumió tan bien en su cita “Yo jamás pertenecería a un club que me aceptara a mí como miembro”. Una vez que una mujer daba indicios de que Brett le gustaba, él dejaba de respetarla ya que imaginaba que si él llegaba a gustarle a ella, entonces resultaba que ella tampoco era tan “guai”. Ella dejaba entonces de aplacar su sensación de inutilidad de modo que era necesario que su apagafuegos buscara a otra. Una vez que logramos liberar a uno de los exiliados de su carga de inutilidad, el apagafuegos abandonó su labor de rastreo y seducción para pasar a ayudar a Brett a buscar aventuras en otros aspectos de la vida. Comenzó así a tener interés en la fotografía y a viajar por lugares exóticos en compañía de la mujer que amaba. Según informaba él, su vida sexual había mejorado ya que había el sexo había dejado de ser un aspecto unidimensional, superficial que formaba parte de un patrón apaciguador mayor. Ahora se trataba de un baile hermoso, lleno de una diversidad de emociones que iban del asombro inocente a la experimentación aventurera. Brett ya no necesitaba que su pareja le adorara o le admirara por su rendimiento. En su lugar, disfrutaba él de las diferentes partes de ella que aparecían mientras hacían el amor.

En el proceso de IFS, como ya habrá podido intuir, se trata de cambiar la política interna de las personas. Su mente, debido al hecho de haber crecido en una cultura y en una familia en las que dominaban determinadas cualidades mientras que otras eran exiliadas, será un reflejo de tal ordenamiento jerárquico. Leer este libro resulta ser una actividad subversiva. Su propósito es el de ayudarle a usted a reemplazar su régimen interno autoritario por una forma de pluralismo en el que cada parte se sienta apreciada, sea libre para hacer lo que prefiere hacer y confíe en el liderazgo no coercitivo, centrado en el corazón de su propio Self.

Capítulo Cinco

El Cliente de IFS

En este capítulo se proponen algunos consejos que permitan a las personas que han decidido que van a trabajar con un terapeuta de IFS saber qué es lo que cabe esperar de ella.

Si es usted como la mayoría de las personas, cuando el terapeuta de IFS le pida que se centre en su interior, puede que usted esté inicialmente reticente a hacerlo, tanto porque no esté familiarizado con la técnica como porque teme lo que se pueda encontrar al hacerlo. Su terapeuta sabrá respetar tal reticencia y le ayudará a investigar el porqué. En IFS no presionamos al cliente para que avance ni más lejos ni más rápido que lo que él mismo estime como seguro. En lugar de ello, le preguntará el terapeuta cuáles son los motivos por los cuales teme entrar dentro de sí mismo y le comentará cómo pueden ser manejadas tales dudas. A lo largo de los años, hemos desarrollado formas concretas de trabajar que hagan que este viaje interior sea bastante seguro, incluso aunque se trate de lugares muy cargados emocionalmente, sin que por ello se vea usted abrumado emocionalmente. Su seguridad es nuestra primera prioridad en todo nuestro trabajo y confiamos en el feedback que usted nos proporcione para saber si surge algo que pueda resultar inseguro.

Cuando usted comienza por primera vez, no sabe bien cuán seguro es el proceso y por ello estará plenamente legitimado a solicitar de su terapeuta que le explique detenidamente cómo serán abordadas las preocupaciones que usted tiene al respecto antes de que permita al terapeuta guiarle en este viaje interior. Igualmente estará usted en el derecho de no continuar si estima que las garantías otorgadas por el terapeuta no son suficientes o si no cree que sea el momento oportuno para hacerlo. Dicho de otra forma, será usted quien esté en el control de lo que suceda durante la terapia. Si usted llegara a percibir que, de alguna forma, se siente presionado por el terapeuta o que existe cualquier otro problema con él, no dude en hacérselo saber. Los terapeutas de IFS escucharan cuidadosamente al feedback que usted les proporcione y se lo tomarán muy en serio. Sabemos que no siempre somos todo lo sensible o conscientes que quisiéramos ser, y sabremos valorar las percepciones que usted tenga, lo cual nos irá permitiendo estar en mayor consonancia con sus necesidades individuales.

Es posible que usted se incomode cuando escuche al terapeuta preguntarle por las diferentes "partes" de usted. Algunas personas no tienen ningún problema con este lenguaje porque ellas mismas lo utilizan. Forma parte del lenguaje corriente el decir frases tales como "Una parte de mí está furiosa con mi pareja, pero otra parte piensa que soy yo quien está equivocada" o "A una parte de mí le encanta escribir, pero otra parte tiene miedo de que los demás se rían de lo que he escrito" o "Una parte de mí está feliz de estar aquí, pero otra parte desearía estar aún en la cama". El lenguaje de las partes es una forma natural que sirve para expresar las diferentes cosas en las que estamos pensando o que estamos sintiendo. Uno de los motivos por el cual el terapeuta de IFS nos pedirá que centremos nuestra atención en nuestro interior es que ello nos ayudará a ver que en ellas hay mucho más de lo que a simple vista logramos ver. Otro de los motivos es que el mero acto de escuchar a nuestras partes, las ayuda a relajarse.

Si, a pesar de todo, usted sigue rechazando este lenguaje de las partes, hágaselo saber a su terapeuta y, él o ella, emplearán el término que usted considere adecuado. Hay personas que prefieren quedarse con palabras de uso común como pueden ser pensamientos y emociones; otros, en cambio, prefieren hablar de aspectos de sí mismos. El término que en sí se emplee no tiene importancia y, una vez más, es usted quien está al control de todo.

Si usted accede a entrar dentro de sí mismo, el terapeuta le preguntará qué parte es la que desea explorar primero. Los años de experiencia nos han demostrado que es más seguro comenzar con unas partes que con otras. Esto es debido a que los sistemas internos humanos están organizados en partes destinadas a protegernos mientras que otras partes son vulnerables y necesitan ser protegidas. Si usted contempla focalizar una parte vulnerable, es posible que tenga pensamientos que le digan que es mejor que no haga eso, que dudan de la fiabilidad del terapeuta o del proceso en sí o que le están distrayendo de lo que tiene en foco. Tales pensamientos, que proceden de sus partes protectoras, son comunes y naturales. Es la labor de sus protectores el ser cuidadoso y no dejar entrar a nadie en su sistema hasta no cerciorarse de que es seguro hacerlo. Es posible que, antes de que usted se aproxime a alguna de las partes vulnerables, le animen los terapeutas de IFS a que escuche a estos protectores, focalizando su atención en dichos pensamientos. Se le pide que escuche en su interior los temores que tienen estos protectores suyos para luego transmitírselos a su terapeuta. Dentro de los temores comunes en los protectores están, por ejemplo, el sentirse juzgados por el terapeuta, sentirse abrumados por las partes vulnerables, creer que uno no lo está haciendo bien, creer que uno no es capaz de cambiar nada de modo que no vale la pena molestarse y así sucesivamente. Su terapeuta de IFS comentará con usted estos temores de modo que sus protectores puedan ser tranquilizados respecto de la forma suya más segura de proceder. Luego preguntará usted a sus protectores si han quedado satisfechos con la respuesta y si tal es el caso, solicitar su permiso para que usted pueda entrar en contacto con la parte vulnerable en cuestión.

Los pasajes anteriores pueden dar la impresión de que el terapeuta le mantiene usted hablando consigo mismo y esto es, en parte, cierto. ¿Se ha sentido usted alguna vez triste, sin saber por qué? Espere un momento y la respuesta aparecerá. El proceso con IFS es parecido. Un cliente hace bien su trabajo cuando él o ella focalizan su atención en un pensamiento o en un sentimiento, plantea luego una pregunta al respecto para posteriormente esperar pacientemente a que surja la respuesta desde su interior y no cuando intenta adivinar o imaginar la respuesta que supuestamente daría la parte. Esto podrá parecer extraño y usted podría llegar a pensar que no será capaz de lograrlo; sin embargo, nuestra experiencia nos dice que una vez superada la extrañeza inicial, los clientes quedan sorprendidos de la capacidad que han demostrado tener para mantener diálogos internos coherentes.

Según comienzan los clientes a focalizar su atención hacia su interior, comenzará una especie de proceso de imaginería en el que ellos comenzarían a "ver" sus partes. Otros muchos, en cambio, sólo oyen vagamente una voz o tienen una sensación borrosa de la presencia de una parte. El único caso en que las personas experimentan problemas con la terapia de IFS es cuando aquellas partes protectoras que están acostumbradas a estar a cargo de todo no les permiten que escuchen o que se confíen en la validez de las voces, imágenes o impresiones que van surgiendo. Si tal es el caso, su terapeuta puede ayudarle a preguntar a la parte protectora cuál es el temor que tiene de abrir la puerta también a otras partes. Si no surgiera ningún temor pero persiste el velo sobre el trabajo a realizar, usted y el terapeuta pueden esperar a intentarlo más tarde. En ocasiones, las partes protectoras tardan algo de tiempo en permitir dejarnos entrar. Nosotros respetamos su ritmo.

Una vez que uno ha focalizado su atención en una parte concreta y la ha encontrado (las personas pueden a menudo percibirla en el lugar del cuerpo donde pareciera ser que está localizada, utilizándolo como punto focal de referencia), su terapeuta le preguntará qué es lo que siente respecto de ella. Como en su familia y en su cultura había partes suyas que eran valoradas mientras que otras eran temidas o no gustaban, es probable que su mundo interior fuera un reflejo de ello. Así, por ejemplo, muchas personas han crecido en familias en las cuales estaba prohibida la expresión directa del enojo de modo que era necesario reprimir la parte asertiva de ellas que quería hablar de las injusticias existentes en la familia o defender los propios derechos. Otras partes, en cambio, habían asimilado las creencias de la familia respecto del enojo por lo que cada vez que surgían pensamientos de ira en estas personas, éstas se criticaban a sí mismas por tener tales pensamientos o bien, distraían su mente de ellos. Este ejemplo ilustra lo que en IFS denominamos una polarización interna entre dos partes. Si usted, como la persona antes mencionada, comenzara a focalizar su atención en su parte furiosa y el terapeuta le preguntara qué es lo que siente hacia ella, usted probablemente diría que la teme o que la odia. Cuando uno teme u odia a alguna de las partes, es difícil que exista un diálogo productivo con ella. Al oírle el terapeuta, le pedirá que pregunte a las partes que le hacían temer u odiar (o cualquier otra emoción extrema) a la parte furiosa si estarían dispuestas a "hacerse a un lado"-es decir, que aparten por un rato sus sentimientos de usted de modo que usted pueda conocer mejor a la parte furiosa.

De forma más concreta, imagínese que usted es el líder de un grupo de personas con muchos conflictos entre sí y que su terapeuta está intentando ayudarle a tranquilizarlos. Cada vez que usted comienza a hablar con una persona, hay otra que piensa que usted se pondrá de su lado o que le dará más poder. De modo que la segunda persona intentará influir en usted para que la primera persona le resulte desagradable y la aparte de usted. Con esta competencia por el favor suyo, no se llega muy lejos. Si, en cambio, usted logra hablar individualmente con cada una de las personas, sin interferencias de terceros, podrá lograr alianzas con cada una de las partes que estarán cimentadas en la confianza permitiendo así, facilitar negociaciones futuras. Este es el motivo por el cual el terapeuta pedirá a una de las partes que se haga a un lado de modo que usted pueda hablar con otra.

Existen, sin embargo, algunas partes a las cuales usted cree que no es en absoluto seguro acercarse a ellas o que, de hacerlo, sería premunido de partes protectoras. Es probable que usted tenga algunas partes de las cuales quisiera liberarse o, al menos, mantenerlas encerradas en su interior. Así, por ejemplo, la mayoría de las personas considera que no vale la pena el aproximarse a la propia desesperación, al brutal juez interior, a su terror, a su rabia, y así sucesivamente. No habría ningún motivo para acercarse a estas partes si éstas siguieran siendo lo que son. Sin embargo, uno de los grandes descubrimientos de IFS ha consistido en saber que, en la medida en que uno vaya conociendo a las partes y sabiendo por qué son como son, -es decir, que uno va siendo testigo a través de las historias del pasado de cómo se han visto forzadas las partes a desempeñar los roles en los que están inmersas- éstas cambiarán. Resulta ser que no existen partes que sean intrínsecamente malas, sólo existen partes buenas en roles malos – partes buenas que son portadoras de creencias o de emociones extremas de cosas que sucedieron en el pasado. Si uno focaliza su atención en ellas desde una perspectiva imparcial, curiosa, abierta de corazón, se transformarán finalmente en algo valioso. Esto puede resultar difícil de creer y, de hecho, va en contra de la manera que tanto nuestra cultura como muchas de las religiones nos han dicho que deberíamos relacionarnos con estas partes y, a pesar de todo, esto se confirma día a día en las consultas de terapeutas de IFS en todo el mundo.

Si la parte, atendiendo a su petición, efectivamente se retira, sentirá usted de manera inmediata un cambio en la conducta, emociones y perspectivas. Es probable que en ese momento, el terapeuta le vuelva a preguntar qué es lo que siente respecto de la parte diana original. Probablemente notará usted que se ha desplazado hacia un estado extremo diferente. Siguiendo con el ejemplo de la ira, supongamos que usted inicialmente odiaba y, por tanto, quería librarse de su parte iracunda y, una vez que el odio se hubo retirado, comienza usted súbitamente a sentir miedo de esa ira. Si esto ocurre, su terapeuta le pedirá igualmente a su miedo que se retire y lo hará también con otras partes hasta que usted logre sentir hacia la parte diana original (la ira) algo de lo siguiente: curiosidad, compasión, confianza o calma. El terapeuta jamás le pedirá que conjure usted ninguno de estos sentimientos y, de hecho, usted tampoco debe hacerlo; el terapeuta le pedirá a las partes que se vayan retirando hasta que usted haya logrado informar que ha alcanzado tal estado.

Este surgir espontáneo de las cualidades valiosas de liderazgo que se produce ante la retirada de las partes está a su vez relacionada con otro descubrimiento importante de IFS, que consiste en el hecho de que todos disponemos de estas cualidades en nuestro interior. Sus partes son las portadoras de todas las creencias y emociones irracionales y malsanas que a lo largo de su vida ha ido usted absorbiendo de su familia, de experiencias traumáticas tenidas y de la cultura en que ha vivido. En IFS denominamos cargas a estas creencias y emociones. Usted comenzará a experimentar y a presentar estas cualidades valiosas de liderazgo (curiosidad, compasión y demás), además de otras, en la medida en que las partes se aparten de lo que queda de su "yo", ya que eso es lo que usted auténticamente es. En la medida en que las partes vayan adquiriendo la confianza de que es seguro apartarse de usted, irá usted gradualmente experimentando cada vez más cualidades de su Self. En ese estado del Self, observará que las conversaciones que tenga con sus partes discurren bien y que dispone de una percepción intuitiva que le permite saber cómo debe escucharlas y ayudarlas. En este punto, la labor primordial de su terapeuta será la de ayudarle a mantenerse dentro de dicho estado del Self cuando observe que usted se pudiera estar desplazando fuera de él-captando partes que intentan interferir y pidiéndoles que confíen en usted y se hagan a un lado.

Parece ser que este proceso resulta fácil de realizar y, efectivamente, discurre sin problemas cuando las partes tienen una gran confianza en su Self. Sin embargo, hay muchos clientes cuyas partes se han negado a apartarse cuando así se lo solicitan. Es probable que, al menos inicialmente o cuando se trate de partes particularmente polarizadas, le suceda esto a usted, también. Sucede con frecuencia que la parte que no desea hacerse a un lado acarrea consigo una gran carga de responsabilidad por su bienestar y teme que si no se queda, algo terrible podría suceder. Hay otras partes que temen que si cedieran en algo de su poder, serían encerradas o eliminadas o bien, que la parte con la que usted desea trabajar sería la que tomaría el mando. Hay muchos motivos diferentes por los cuales las partes se muestran reacias a ceder el liderazgo a su Self. Si las partes no desean hacerse a un lado, el terapeuta tampoco las obligará a que lo hagan. Antes bien, es probable que el/ la terapeuta le pida a usted que le pregunte a las partes qué es lo que temen con apartarse. A menudo tienen buenas razones para ello, razones que es necesario que el terapeuta aborde hasta que las partes queden convencidas de que no se producirán las consecuencias que ellas temen o que éstas serán manejadas de manera segura.

En IFS jamás hará falta ejercer presión o suplicarle a las partes para que cambien. Intentamos, en cambio, escucharlas, tranquilizarlas y solicitar su permiso. Tenemos un gran respeto por quienes son los guardianes de su mundo interior. Ellos dan lo mejor de sí en beneficio de su seguridad, incluso cuando en ocasiones sus esfuerzos puedan parecer opresivos o destructivos, sin necesidad.

Tienen, por ello, todo el derecho a mantener cerradas las puertas de acceso a las zonas vulnerables que hay en uno y nosotros no entraremos en dicho territorio sin su permiso. Hay veces en que los temores de las partes resultan anacrónicos. Estos han quedado estancados en el pasado cuando era necesario que le protegieran de la manera que ellas sabían hacerlo pero, actualmente, no saben cuánto ha cambiado usted y cuál es su situación actual. A veces sólo es necesario actualizar dicha información. En otras ocasiones, los temores siguen teniendo validez -tal vez se trate de inquietudes o de consecuencias en las cuales ni usted ni el terapeuta pensaron. Si usted se aproxima a su ira podría, por ejemplo, decidir romper con su matrimonio, romper con su padre o dejar el trabajo. También cabe la posibilidad de que usted entre en contacto con el pesar que su ira protege y que podría superarle. Usted y su terapeuta podrán comentar con sus partes cuán válidos siguen siendo cada uno de los temores y, si pareciera ser que se trata de un motivo razonable de preocupación, de qué manera podría ser abordado. Afortunadamente, tras décadas de haber estado explorando los temores de las partes protectoras, hemos logrado desarrollar formas de cómo manejar los más comunes de ellos como puede ser, por ejemplo, el sentirse abrumado. Sin embargo, a menudo existen temores que son únicos para su situación concreta por lo que será necesario que su terapeuta colabore con usted para investigar posibles soluciones. Habrá ocasiones en las que usted y su terapeuta convendrán en que el temor de la parte protectora sigue siendo válido y que, en el momento presente, no es posible hacer nada por lo que, provisionalmente, optarán por mantener cerrado el acceso a una de las zonas de trabajo interno.

El trabajo con IFS puede, así, volverse bastante tortuoso e indirecto. Uno comienza orientando el trabajo hacia una parte concreta, se queda estancado y se vuelve hacia la parte que está ofreciendo resistencia y trabaja con ella para finalmente, acabar en un lugar totalmente diferente al esperado. Los terapeutas de IFS confiamos en que su sistema interno tenga su ritmo y sabiduría propios respecto de qué es necesario que suceda. Nosotros dejamos que su sistema se desenvuelva a su propio ritmo y sólo procederemos a redirigirlo cuando diera la impresión de que una de las partes nos estaría conduciendo hacia un propósito absurdo que no rendirá frutos o que está intentando distraernos. Incluso en ese caso, nos limitaremos a preguntar a la parte que sea concreta respecto de cuál es su temor y no intentar protegerla de manera indirecta. Nosotros le alentaremos a usted- a su Self- de manera continua para que sea el guía.

En ocasiones, cuando el cliente entra en sí mismo por primera vez, puede resultar más perturbador para las partes protectoras que lo que cabía esperar cuando éstas le otorgaron originalmente el permiso. Cuando sucede esto, es probable que usted piense en no volver a dicho terapeuta o, si lo hace, no permitirle que le conduzca de nuevo hacia su interior. Usted podría tener, además, sueños perturbadores o ráfagas de emociones misteriosas durante la semana. Esto no ocurrirá solamente la primera vez que usted entre dentro de sí mismo sino que, en la medida en que siga en su viaje interior, se producirá en repetidas ocasiones en el transcurso del tratamiento. Se trata, en parte, de una reacción natural, esperada que se produce cuando la ecología interna de la persona se ve alterada. Sin embargo, también puede significar que su terapeuta ha ido demasiado rápido o demasiado lejos. Nosotros pedimos a los clientes que hablen de estas reacciones con sus terapeutas de modo que estas puedan ser exploradas y evaluadas. Es necesario que los terapeutas de IFS sean muy sensibles al feedback que usted proporcione de modo que puedan ajustar su abordaje de manera adecuada. Hágale, además, saber a su terapeuta si cree que él/ ella no estuviera plenamente con usted o si percibe que hay alguna parte de él/ella que le resultara molesta. Su terapeuta sabe que le está alentando a entrar en un terreno difícil y sagrado y desea que usted tenga la plena confianza de que él/ ella estará con usted según vaya avanzando. Su terapeuta sabrá acoger y valorar las percepciones que usted tenga al respecto; él o ella escucharán en su interior si se ha detectado alguna parte y le harán saber cuál ha sido el resultado de tal búsqueda.

El IFS consiste, entonces, en un proceso de colaboración. El Self suyo, junto con el Self del terapeuta, van juntos en un viaje de sanación dentro de su sistema de partes. Usted es el experto en su experiencia- lo que logre encontrar en su viaje- y él/ella serán los expertos que le ayuden a conservar el liderazgo del Self durante el viaje. Inicialmente, es posible que sea el terapeuta quien, en cierto grado, dirija las cosas pero, luego, será usted quien adquiera la tendencia natural a guiar, tendencia que su terapeuta debe respetar y fomentar.

Volviendo una vez más al ejemplo de la ira, suponga que, tras unas negociaciones, las partes que vigilan su sistema han accedido a permitirle que comience a conocer a su ira. ¿Qué es lo que usted desearía saber de ella? Si efectivamente se tratara de una parte buena inmersa en un papel malo (la "parte furiosa"), de ello se desprendería que usted desearía saber qué es lo que la mantiene en ese rol. Si plantea una pregunta de esta naturaleza a una de las partes desde su corazón, es probable que haya otras partes le digan que estaba polarizada o sino, que lo estaba protegiendo. La parte iracunda podría decir que teme que usted pueda ser herido si ella no mantiene esa actitud iracunda. Si seguimos en esta línea de preguntas, usted se dará cuenta de que su parte iracunda se encuentra situada delante de una parte vulnerable que puede ser herida fácilmente. Así, hasta este momento ha conocido usted en su viaje, en primer lugar, a los protectores, que son quienes intentan mantener todo bajo control en su vida y que temen a su ira. Ellos le darán permiso para que usted pueda hablar con la parte iracunda, parte que a su vez, resulta ser un protector de una parte vulnerable. Luego, es probable que el terapeuta le pida que solicite el permiso de la parte iracunda para hablar con la parte vulnerable.

En este caso se trata de una secuencia que es común en el trabajo con IFS. Nosotros le ayudamos, en primer lugar, a que conozca y valore a las partes encargadas de proteger su sistema. Al estar permanentemente en guardia, no podrán éstas ser sanadas hasta que todo el sistema logre ser menos vulnerable. De modo que solicitaremos primero poder acceder a las partes vulnerables y poder así, sanarlas. Los protectores podrán entonces relajar un poco la guardia cuando vean que estas partes ya son menos vulnerables y someterse así, al proceso sanador. Con muchos de los clientes sucede que este ciclo, consistente en obtener primero el permiso de los protectores para así poder sanar a las partes vulnerables para luego volver a los protectores, es necesario repetirlo varias veces ya que la mayoría de las personas tienen estructurados sus sistemas en varios subgrupos de partes protectoras/vulnerables. La personalidad de los individuos ha sido comparada a menudo con una cebolla que, como ella, consta de varias capas en torno a un núcleo importantísimo. EN IFS consideramos a la personalidad más bien como un bulbo de ajo con muchos dientes diferentes, conteniendo cada uno de ellos a varios protectores y a una o dos partes vulnerables, cada uno de los cuales debe ser tratado de manera independiente. En la medida en que cada diente de ajo vaya cambiando, es probable que usted comience a experimentar más de su Self y que se produzca un cambio en la cuestión en torno a la cual están girando las partes, en este caso, la ira y la vulnerabilidad. En algunas personas se han producido cambios radicales una vez que se ha logrado sanar a uno de los "dientes de ajo" concreto; sin embargo, es más frecuente que los clientes vayan percibiendo aumentos graduales en la confianza, bienestar, claridad y calma.

¿Qué es lo que queremos decir cuando hablamos de "sanar

una parte"? ¿Qué es lo que necesitan las partes para sanar? A lo largo de muchos años de trabajo con IFS hemos descubierto que lo que generalmente necesitan las partes para deshacerse de las cargas que soportan- todas aquellas creencias y emociones extremas que las mantienen encerradas dentro de sus roles rígidos- es poder creer que usted sea capaz de entender qué fue lo que sucedió en el pasado para que ellas adquirieran estas cargas. En otras palabras, ellas necesitan de usted que sea un testigo compasivo de una parte de su propia historia.

¿Qué es lo comporta dar testimonio? Una vez que ha logrado conocer y establecer una relación de confianza con una parte vulnerable, su terapeuta le diría algo parecido a lo siguiente: "Pídale a esa parte que le muestre lo que quiere que usted sepa de su pasado". Llegado a ese punto es probable que usted comience a "ver" escenas o imágenes como si estuviera viendo una película suya cuando tenía menos años. También es posible que usted experimente sólo emociones o sensaciones, sin imágenes. La parte vulnerable ha comenzado a contar su historia de la manera en que ella se siente más segura. Su terapeuta le pedirá que mantenga su atención focalizada hacia la historia hasta que la parte esté convencida de que ha comprendido lo que sucedió y deque es capaz de valorar lo duro que fue.

Una vez que la parte sabe que se ha sido testigo de su situación, hay ocasiones en que el terapeuta le pedirá que entre en la escena y represente la parte (a menudo es usted mismo cuando niño) que le corresponde. Otras veces, en cambio, el paso por el cual se intenta recuperar a la parte del pasado, no es necesario.

El terapeuta le pedirá a continuación que pregunte a la parte si está preparada para desprenderse de las cargas de creencias y emociones generadas en aquellas dolorosas experiencias. Puede que resulte difícil de creer que el desprenderse de dichas cargas resulte tan fácil – aquellas cosas que le han atormentado toda la vida podrían ser eliminadas viendo simplemente dónde las adquirió. En muchos de los casos es así de simple, pero el hecho de que sea simple no significa que sea fácil. Como hemos comentado previamente, es probable que usted tenga muchas razones para no querer volver atrás a determinados sucesos del pasado o a abrir su corazón a partes que durante dichos sucesos quedaron congeladas en el tiempo. Si bien la experiencia de dar testimonio es en raras ocasiones tan perturbadora como pretenden los protectores, sí es emocionalmente intensa y desagradable. La buena noticia es que acaba rápido y la mayoría de las partes comienzan a sentirse bien inmediatamente después. Las partes que protegían una parte vulnerable o la mantenían encerrada, una vez que ésta se ha liberado de su carga de esta manera, comenzarán a relajarse y a estar interesadas en su propia sanación.

Existen, además, otros pasos que están implicados en la sanación de una parte; sin embargo, dar testimonio es, con mucho, el paso más duro a dar y es frecuente que se requiera de varias sesiones antes de que las partes protectoras le permitan ir allí. No se sienta frustrado si tarda un tiempo en lograrlo. En ello se tarda el tiempo que es necesario e, irónicamente, la misma parte de usted que pretende acelerar el proceso, es la parte que retrasa todo ya que con ello sólo logra que las demás partes se resistan. Si usted percibe que en usted existe una parte que está ejerciendo esta presión, informe de ello inmediatamente al terapeuta de modo que entre ambos puedan ayudarla a que se relaje.

Es probable que, mientras usted se estaba aproximando a una de las partes vulnerables, experimentara un aumento en el comportamiento impulsivo. Puede que usted sintiera, por ejemplo, un fuerte impulso hacia el consumo compulsivo de comida, alcohol, drogas, sexo o trabajo. O tener ideas suicidas o estar iracundo. Es posible también que experimentara una mayor cantidad de síntomas físicos, tales como dolor de cabeza o la aparición de otros dolores o enfermedades. En todos los casos se trata de reacciones comunes, predecibles que tendrán las partes protectoras ante el hecho de que usted se está aproximando a territorios a los cuales ellas tienen terror de dejarle entrar. Su terapeuta deberá tomarse en serio tales reacciones haciendo que usted hable con sus partes de modo que, ante tales impulsos o síntomas, pueda usted saber qué tipo de garantías necesitan. Suele suceder que lo único que necesitan es que usted y su terapeuta revisen qué es lo que están haciendo, por qué lo están haciendo o bien, que su terapeuta le esté juzgando o que, de alguna forma, éste no sea digno de confianza. Si, por otra parte, fuera necesario disponer de una mejor estructura que contuviera a estas partes impulsivas, mediante una "tormenta de ideas" (brainstorming) pueden usted y su terapeuta buscar aquellas alternativas que fueran necesarias, incluidas el ingreso hospitalario y el empleo de fármacos. Sin embargo, a menudo suele suceder que lo único que hace falta es una seguridad y negociación adicionales.

Una vez que la parte vulnerable haya logrado liberarse de su carga, es posible que usted adopte un papel protector y evite durante un tiempo volver a entrar dentro de sí mismo. Es también posible que usted se distancie de su terapeuta y que, incluso, contemple dejar el tratamiento. Es posible que, en casa o en la oficina, esté usted más enojadizo o replegado en sí mismo. Mientras usted realiza este trabajo interno, sería una buena medida que advirtiera a las personas con las cuales vive o trabaja que habrá momentos en los cuales usted dará la impresión de no ser el mismo de siempre. Todas ellas son reacciones predecibles que se van a producir cuando usted entre en contacto con aquellas partes vulnerables que han estado previamente exiliadas. Una vez que la parte ha sido sanada, existe a menudo la necesidad de una reorganización interna, pudiéndose verse sus protectores afectados por ello. Si no logra que haya algo que lo amortigüe, como puede ser un período de calma tras una sesión de esta naturaleza, es posible que tal descarga no se consolide y deba usted sanar nuevamente a dicha parte. Esta es la causa por la cual los clientes suelen programar sus sesiones de forma tal que no necesiten volver de manera inmediata al trabajo, dejándose así un tiempo durante el cual puedan estar tranquilos.

Como algunos los clientes no logran recordar todo lo que ocurrió durante las sesiones, es conveniente que usted traiga consigo un magnetófono para que pueda luego escuchar la cinta durante la semana. Algunos clientes consideran también que el llevar un diario de las sesiones les sirve de ayuda para recordarlas y para mantenerse vinculados al proceso. Escriben de esta forma lo que sucedió en cada sesión y lo que hicieron o aprendieron respecto de sus partes en cada semana. Hay clientes que, entre sesiones, realizan una enorme cantidad de trabajo con sus partes lo cual permite acelerar la terapia. Otros, en cambio, consideran que sus partes les permiten entrar dentro de sí mismos sólo cuando están en presencia del terapeuta. Ello no supone un problema, sólo determina que el proceso sea algo más largo.

Repetimos una vez más que el sistema que cada persona tiene, es diferente; de esta forma, son diferentes los niveles de miedo alcanzados, van a ritmos diferentes y la cantidad de cargas que soportan es diferente. Las personas que tengan antecedentes de abusos sexuales o de traumas intensos tardarán, evidentemente, más. Muchas de las personas pueden sentirse desanimadas en algún momento de su viaje ya que pareciera ser que el número de partes a tratar sería interminable. Usted puede tener la confianza de que, aunque en algunos momentos esto pueda parecer cierto, la carga de dolor de la que desea liberarse es finita y llegará el momento en que usted se sienta mucho mejor. Otra de las experiencias desalentadoras comunes que aparecen se produce cuando usted observa que, a pesar de haber realizado un enorme trabajo, frente a sucesos del mundo exterior, sigue reaccionando de la misma manera. Usted creía que ya lo había superado todo y, a pesar de todo, tiene la impresión de que le hubieran devuelto al punto de partida. Aunque parezca que así fuera, no lo es. Mientras no estén sanadas todas sus partes vulnerables, siempre habrá protectores dispuestos a desempeñar su labor habitual de protegerla. Es importante que su terapeuta le ayude a no perder de vista cuánto han cambiado algunas de las cosas, incluso aunque otras no lo hayan hecho. El proceso de cambio es a menudo como un viaje en montaña rusa y resulta útil saber que el terapeuta no está montado junto a usted en ella sino que, cambiando la metáfora, puede representar el "yo" constante para la tormenta que usted está sufriendo.

No hay forma alguna de poder predecir anticipadamente cuánto tiempo durará su proceso de sanación; sin embargo, usted dispone de plena libertad para decidir cambiar en cualquier momento la frecuencia con que se realicen las reuniones como también si decide tomarse un descanso. Su terapeuta podrá ayudarle a determinar que partes estarían involucradas en ese tipo de decisiones pero, en última instancia, él/ ella respetarán sus decisiones.

Existen, además, diferencias en la manera en que las personas experimentan dicho proceso. Hay quienes temen acudir a terapia, sintiendo a menudo que se están forzando al hacerlo – es como si fueran al dentista, pero este no dispusiera de novocaína. Otros, en cambio, se sienten fascinados y revitalizados por todo el proceso. Si usted es como el común de las personas, habrá momentos en los que se sienta fascinado mientras que en otros, estará temeroso. Si su terapeuta le ayuda a continuar, saldrá usted orgulloso de lo que ha logrado conseguir y feliz por lo mucho mejor que se siente.

Apéndice A: Resumen del modelo IFS

I. **Partes**

A. Subpersonalidades o aspectos de nuestra personalidad que interactúan internamente entre sí en secuencias y estilos que son similares a las formas en que las personas interactúan entre sí.

B. Todas las partes son valiosas y desean desempeñar un rol positivo. Nacemos con ellas o con el potencial que tienen; forma parte de la naturaleza de la mente el estar subdividida. Es bueno ser múltiple.

C. Las partes se vuelven extremas y destructivas como consecuencia de experiencias vitales.

II. **Self**

A. Asiento de la conciencia—un nivel de entidad diferente al del de las partes. El Self, a diferencia de las partes, es invisible porque es el "yo" que observa.

B. El Self tiene cualidades tales como la compasión, la confianza, la curiosidad y la perspectiva, cualidades propias para un buen liderazgo. Cada uno de nosotros tiene un Self, el cual puede verse ocultado por los extremos de las partes.

III. **Objetivos básicos del modelo**

A. Liberar a las partes de sus roles extremos de modo que puedan encontrar y asumir sus roles preferidos y valiosos.

B. Diferenciar el Self del cliente de modo que el Self contribuya a poner en armonía y equilibrio su vida interna con su vida externa.

IV. **Supuestos**

A. A medida que nos vamos desarrollando, nuestras partes van formando un sistema complejo de interacciones con polarizaciones y alianzas. La teoría de los sistemas y la tecnología pueden ser aplicados al sistema interno. Una vez que el sistema se reorganiza, pueden las partes cambiar rápidamente.

B. Los cambios en el sistema interno producirán cambios en el sistema externo y viceversa. El trabajo con cualquiera de ellos produce cambios en el otro.

V. **Modelo de grupo de tres elementos de los roles comunes de partes**

A. Exiliados: Las partes más jóvenes, vulnerables que han sufrido traumas y que se encuentran aisladas del resto del sistema para protección propia y del sistema. Los exiliados son los portadores de los recuerdos, emociones y sensaciones, e impulsos vinculados a los sucesos y se encuentran estancados en el pasado.

B. Directivos: Partes que gestionan la vida diaria de la persona. Estas partes intentan mantener al exiliado en el exilio a través del control de los sucesos o de las relaciones, siendo perfectos y complacientes, cuidando de los demás, infundiendo miedo al riesgo en las personas mediante la crítica, apatía, la preocupación, etc.

C. Apagafuegos: Partes que reaccionan ante la activación de los exiliados en un esfuerzo por apagar sus sentimientos o disociar a la persona de ellos. Entre las actividades comunes de los apagafuegos están: consumo de alcohol, o drogas, autolesiones (cortes), comida compulsiva, sexo compulsivo, ideación suicida e ira. Los apagafuegos tienen los mismos objetivos que los directivos (mantener alejados a los exiliados), aunque siguiendo estrategias diferentes, más impulsivas.

VI. **Empleo del modelo**

A. Evaluar sistema externo para cerciorarnos de que se puede trabajar de manera segura.

B. Introducir lenguaje a ser empleado; preguntar por posibles relaciones con las diferentes partes; preguntar qué cosas desearía cambiar la persona.

C. Trabajar primero con los directivos; comentar sus temores y cómo pueden ser abordados éstos; establecer relación de colaboración con ellos, respetar su ritmo.

D. Indagar posible existencia de apagafuegos peligrosos y desactivarlos.

E. Tras obtener permiso de directivos, comenzar el trabajo con los exiliados. Según proceda, llevar a cabo recuperaciones y liberación de cargas.

F. Tras cada recuperación, preguntar cómo reaccionan las partes.

G. Durante todo el proceso, evitar que partes del terapeuta puedan interferir y apreciar el feedback que el cliente pueda proporcionar respecto de la detección de partes.

The Internal System

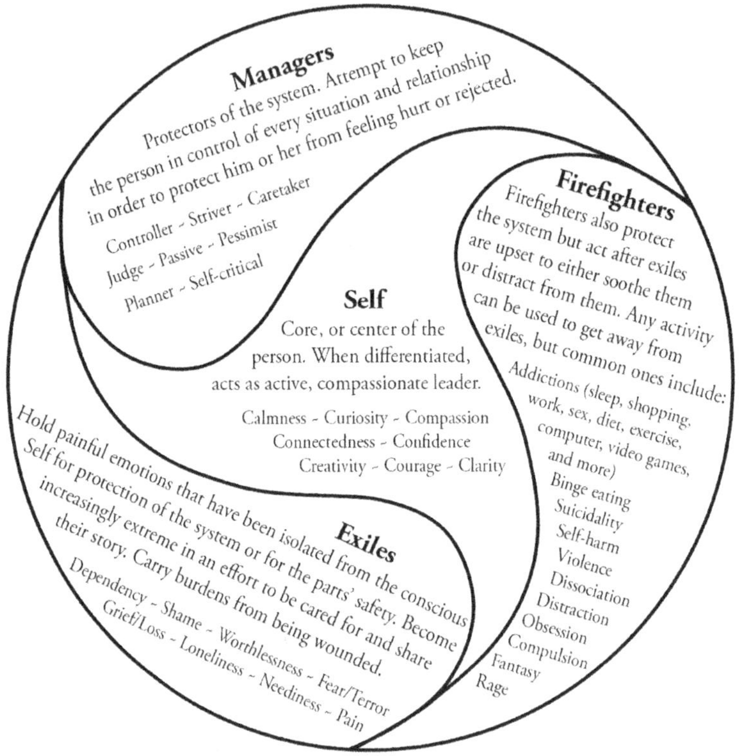

Text adapted from *Internal Family Systems Therapy* by Richard C. Schwartz, Ph.D.
Graphic by Janet R. Mullen, LCSW

Apéndice B: Glosario de IFS

Equilibrio	Estado en el que los miembros de un sistema humano tienen un acceso equitativo a las responsabilidades, recursos e influencias que necesitan.
Amalgama o Mezcla	Cuando los sentimientos y creencias de una parte se funden con otra de las partes o con el Self.
Cargas	Ideas o sentimientos extremos que son soportados por las partes y que rigen sus vidas. Las cargas aparecen en las partes tras la exposición a personas o a sucesos externos.
Entorno restrictivo	Entorno de sistemas humanos que se caracteriza por desequilibrio, polarización, excesiva involucración o enredo y liderazgo problemático. Los entornos restrictivos imponen cargas dentro de los sistemas.
Involucración o Enredo	Estado en el que dos miembros (o dos grupos) de un mismo sistema se vuelven altamente interdependientes hasta el punto en que el acceso de ambas partes a sus propios Selfs se ve limitado porque ambas partes son muy reactivas entre sí.
Exiliados	Partes que están secuestradas dentro de un sistema para la protección propia o del sistema frente a ellas.
Apagafuegos	Partes que entran en acción cuando se produce la activación de los exiliados con el fin de calmar a los exiliados o distraer al sistema de ellos (disociación).
Armonía	Estado en que los miembros de un sistema humano se relacionan entre sí mediante la colaboración entre ellos con una comunicación eficaz, cuidado mutuo y un sentido de conexión entre ellos.

Desequilibrio	Estado en que uno de los miembros (o grupo) tiene mayor o menor acceso a responsabilidades, influencia o recursos.
Directivos	Partes que dirigen el día a día del sistema. Controlar y complacer en lo externo y prevenir en lo interno para minimizar la activación de los exiliados.
Paradigma de la Multiplicidad	Reconocimiento de que la mente humana no es única sino que está dividida de manera natural en multitud de subpersonalidades.
Partes	Término empleado en Internal Family Systems para referirse a las subpersonalidades existentes en una persona. La mejor forma de referirse a ellas es como personas internas de diferentes edades, talentos y temperamentos.
Polarización	Estado en que dos miembros (o dos grupos) de un sistema se relacionan entre sí a través de la oposición o de la competencia hasta el punto de que cada partido ve limitado el acceso al Self por temor a que el otro partido sea el que gane o asuma el mando.
Liderazgo problemático	Estado en que los líderes de un sistema han abdicado, están sesgados, están polarizados entre sí o han sido desacreditados.
Self	Núcleo de la persona que contiene cualidades de liderazgo tales como compasión, perspectiva, curiosidad y confianza. El Self es el que está mejor equipado para dirigir a la familia interna.
Liderazgo del Self	Liderazgo que se caracteriza por la compasión, calma, claridad, curiosidad, confianza, coraje, creatividad y conectividad
Entorno de apoyo	Entorno de sistemas humanos que se caracteriza por el equilibrio, la armonía y el liderazgo eficaz.

Apéndice C: Lecturas seleccionadas de IFS

Breunlin, D., Schwartz, R., and Karrer, B. (1992). Metaframeworks: Transcending the models of family therapy. San Francisco: Jossey Bass.

Goulding, R. and Schwartz, R. (2002). The mosaic mind: Empowering the tormented selves of child abuse survivors. Trailheads Publications, Oak Park, IL.

Nichols, M. and Schwartz, R. (2004). Family therapy concepts and methods. 6th Edition. New York: Allyn & Bacon.

Schwartz, R. (1987). Our multiple selves. Family Therapy Networker, 11, 24–31.

Schwartz, R. (1988). Know they selves. Family Therapy Networker, 12, 21–29.

Schwartz, R. (1992). Rescuing the exiles. Family Therapy Networker, May-June, pp. 33–37, 75.

Schwartz, R. (1995). Internal Family Systems Therapy. New York: Guilford.

Schwartz, R. (2001). Introduction to the Internal Family Systems Model. Oak Park, IL: Trailheads Publications.

Schwartz, R. (2008). You are the one you've been waiting for: Bringing courageous love to intimate relationships. Oak Park, IL: Trailheads Publications.

Bibliografía

Abramsky, S. (1999). When they get out. Atlantic Monthly, 283 (6), pp. 30–36.

Allison, R. B. (1974). A new treatment approach for multiple personality disorder. American Journal of Clinical Hypnosis, 17, pp. 15–32.

Allison, R. B. & Schwartz, T. (1980). Minds in many pieces. New York: Rawson-Wade.

Armstrong, K. (1993). A history of God. New York: Ballantine.

Bawa Muhaiyaddeen, M. R. (1994). The holy war within. In R. Fields (Ed.), The Awakened Warrior. New York: Jeremy Tarcher.

Bianco, Margery Williams (1999). The velveteen rabbit. New York: HarperCollins.

Boorstein, S. (1980). Transpersonal psychotherapy. Palo Alto: Science and Behavior Books.

Borysenko, J. (1999). A woman's journey to God. New York: Riverhead Books. Capra, F. (1996). The web of life. New York: Anchor Books.

Carney, J. (1997). Unique advances and psychospiritual contributions of internal family systems therapy in clinical work with gay men, lesbians, ambisexuals, and their families. Unpublished manuscript.

Childre, D. & Martin, H. (1999). The Heartmath solution. San Francisco: HarperSanFrancisco.

Chodron, P. (1994). Start where you are. Boston: Shambhala Press.

Chodron, P. (1998). A practice of compassion. In H. Palmer (Ed.), Inner knowing. New York: Jeremy Tarcher.

Close, E. (2000). The prison paradox. Newsweek, Nov. 13, pp. 42–49. Comstock, C. (1991). The inner self helper and concepts of inner guidance. Dissociation, 4 (3), pp. 165–175.

Coon, D. (1992). Testing the limits of sense and science. American Psychologist, 47 (2), pp. 143–151.

Csikszentmihalyi, M. (1990). Flow. New York: Harper & Row. Deikman, A. (1982). The observing self. Boston: Beacon Press. Dillard, A. (1999). For the time being. New York: Knopf.

Edwards, B. (1986). Drawing on the right side of the brain. New York: Simon & Schuster.

Ehrenreich, B. (1999). Nickel-and-dimed: on (not) getting by in America. Harpers, Jan., pp. 37–52.

Faludi, S. (1999). Rage of the American male. Newsweek, Aug 16, p. 31.

Ford, D. (1998). The dark side of the light chasers. New York: Riverhead Books. Gallwey, T. (1979). The inner game of tennis. New York: Bantam Books. Goleman, D. (1995). Emotional intelligence. New York: Bantam Books. Gould, S. J. (1997). A tale of two worksites. Natural History, 106, pp. 18–22, 29, 62–68.

Green, A. (1977). Your world is on fire. New York: Schocken Books. Green, E. & Green, A. (1977). Beyond biofeedback. Fort Wayne, IN: Knoll Publishing.

Grigg, R. (1994). The tao of Zen. Edison, NJ: Alva Press.

Hadot, P. (1993). Plotinus. Chicago: University of Chicago Press.

Hammen, D. & Peters, D. (1978). Interpersonal consequences of depression: responses of men and women enacting a depressed role. Journal of Abnormal Psychology, 87, pp. 322–32.

Hammer, M. (1999). Is work bad for you? Atlantic Monthly, 284 (2), pp. 87–93. Harner, M. (1996). Shamanic healing: we are not alone. Alternative Therapies, 2 (3), pp. 69–75.

Huxley, A. (1944). The perennial philosophy. New York: Harper & Row. Ingerman, S. (1991). Soul retrieval: Mending the fragmented self. San Francisco: HarperSanFrancisco.

Jaworski, J. (1996). Synchronicity: The inner path of leadership. San Francisco: Berrett-Koehler Publishers.

Jung, C. G. (1962). Memories, dreams, reflections (Rev. Ed.). Aniela Jaffe (Ed.). New York: Pantheon Books.

Keating, T. (1998). Open heart/open mind. New York: Continuum. Keating, T. (1999). The human condition. Mahwah, NJ: Paulist Press. Keen, S. (1994a). Hymns to an unknown god. New York: Bantam.

Keen, S. (1994b). The virtue of moral outrage. In R. Fields (Ed.), The awakened warrior. New York: Jeremy Tarcher.

King, M. L. (1994). Pilgrimage to nonviolence. In R. Fields (Ed.), The awakened warrior. New York: Jeremy Tarcher.

Kohn, A. (1986). No contest: The case against competition. New York: Houghton Mifflin.

Kornfield, J. (1993). A path with heart. New York: Bantam.

Kraft, K. (Ed.) (1988). Zen: Tradition and transition. New York: Grove Press. Lama, D. & Cutler, H. (1998). The art of happiness. New York: Riverhead Books.

Lamott, A. (1994). Bird by bird. New York: Anchor Books. Lamott, A. (1999). Traveling mercies. New York: Pantheon Books. LePage, V. (1999). The god debate. Quest, 87 (6), pp. 212–215.

Levoy, G. (1997). Callings: Finding and following an authentic life. New York: Three Rivers Press.

McConnell, S. (1999). Our bodies? Our selves? Self to Self: Newsletter of the IFSA, 4 (3), pp. 1–5.

Merton, T. (1965). The way of Chuang Tzu. New York: New Directions.

Metzger, D. (1992). Personal disarmament. In J. Welwood, (Ed.), Ordinary magic: Everyday life as a spiritual path. Boston: Shambhala Press.

Metzner, R. (1994). Getting to know one's inner enemies. In R. Fields (Ed.), The awakened warrior. New York: Jeremy Tarcher.

Miller, A. (1994). The drama of the gifted child: The search for the true self. New York: Basic Books.

Miller, D. (1974). The new polytheism. New York: Harper & Row.

Mitchell, S. (Ed.) (1991). The enlightened mind: An anthology of sacred prose. New York: HarperCollins.

Munsterburg, H. (1910). American problems from the point of view of a psychologist. New York: Moffat, Yard.

Muwakkil, D. (2000). Voters clearly punched 'no' to war on drugs. Chicago Tribune, Nov. 20, p. 15.

Newton, M. (1999). Journey of souls. St. Paul, MN: Llewellyn Publications. Nhat Hanh, T. (1992). Peace is every step. New York: Bantam Books. Pagels, E. (1979). The Gnostic gospels. New York: Vintage Books.

Pagels, E. (1995). The origin of Satan. New York: Vintage Books.

Pennebaker, J. (1997). Opening up: The healing power of expressing emotions. New York: Guilford Publications.

Pennington, M. B. (1993). Thomas Merton: My brother. New York: New City Press.

Po-Tuan, C. (1986). The inner teachings of Taoism (T. Cleary, Trans.). Boston: Shambhala Press. (Original work written in eleventh century)

Real, T. (1997). I don't want to talk about it: Overcoming the secret legacy of male depression. New York: Fireside.

Reed, H. (1989). Edgar Cayce: On channeling the higher self. New York: Warner Books.

Rilke, R. M. (1984). Letters to a young poet (S. Mitchell, Trans.). New York: Vintage Books. (Original work published 1903)

Schwartz, T. (1995). What really matters. New York: Bantam. Shumsky, D. (1996). Divine revelation. New York: Simon & Shuster.

Siegel, D. (1999). The developing mind. New York: Guilford Publications.

Smith, H. (1989). Beyond the post-modern mind. Wheaton, IL: The Theosophical Publishing House.

Smith, M. (1997). Jung and shamanism in dialogue. New York: Paulist Press.

Smoley, R. & Kinne, J. (1999). Hidden wisdom: A guide to the Western inner traditions. New York: The Penguin Group.

Sullivan, A. (2000). The he hormone. New York Times Magazine. April 2, pp. 46–51.

Walker, A. (1998). By the light of my father's smile. New York: Ballantine Books. Watzlawick, P., Weakland, J., & Fisch, R. (1974). Change. New York: Jason Aronson.

Wegner, D. (1994). White bears and other unwanted thoughts. New York: Guilford Publications.

Welwood, J. (1996). Love and awakening. New York: HarperCollins. Wilber, K. (1977). The spectrum of consciousness. Wheaton, IL: Quest. Wilber, K. (1985). No boundary. Boston: Shambhala Press.

Wilber, K. (1995). Sex, ecology, spirituality. Boston: Shambhala Press. Wilber, K. (1996). A brief history of everything. Boston: Shambhala Press. Wilber, K. (1997). The eye of spirit. Boston: Shambhala Press. Wypijewski, J. (1999). A boy's life. Harpers. September, vol. 299.